大夏书系·邱学华教育文集（卷四）

邱学华——著

邱学华

教育实验研究

华东师范大学出版社

ECNUP

上海市著名商标

全国百佳图书出版单位

图书在版编目（CIP）数据

邱学华教育实验研究 / 邱学华著 . —上海：华东师范大学出版社，2018
ISBN 978 - 7 - 5675 - 8265 - 1

Ⅰ.①邱 ... Ⅱ.①邱 ... Ⅲ.①教学研究 Ⅳ.① G420

中国版本图书馆 CIP 数据核字（2018）第 204907 号

大夏书系·邱学华教育文集（卷四）

邱学华教育实验研究

著　　者	邱学华
策划编辑	李永梅　林茶居
审读编辑	万丽丽
封面设计	奇文云海·设计顾问

出版发行　华东师范大学出版社
社　　址　上海市中山北路 3663 号　邮编　200062
网　　址　www.ecnupress.com.cn
电　　话　021 - 60821666　行政传真　021 - 62572105
客服电话　021 - 62865537
邮购电话　021 - 62869887　地址　上海市中山北路 3663 号华东师范大学校内先锋路口
网　　店　http://hdsdcbs.tmall.com

印 刷 者　北京密兴印刷有限公司
开　　本　700×1000　16 开
插　　页　1
印　　张　14.5
字　　数　222 千字
版　　次　2018 年 10 月第一版
印　　次　2020 年 12 月第二次
印　　数　3 101—4 100
书　　号　ISBN 978 - 7 - 5675 - 8265 - 1/G·11448
定　　价　39.80 元

出 版 人　王　焰

（如发现本版图书有印订质量问题，请寄回本社市场部调换或电话 021-62865537 联系）

丛书总序

以前曾有出版社和朋友建议我出版文集，我都婉言谢绝了，觉得自己条件尚未成熟，积累还不够丰富。

现在我已81岁了，自称"80后"，从教65年。编著和主编了近300本书，在国内外教育杂志上发表了700多篇文章。看到一些老朋友相继离去，大学同班同学中，已经走了一半，感触良多。人总是要走的，这是自然规律。这触发我决定趁现在自己身体尚好，脑子还清晰，应该着手做这件事了。

我已经出版了很多书，不想按时间顺序重复出版，而应该提炼精华的内容，重新组合再创作，奉献给读者。因此，决定按专题归类，分为论数学教育、论尝试教育、数学课堂教学、教育实验研究、教育随笔五个方面。

这套文集，凝聚我一生的心血，把已经出版的近300本书和700多篇文章浓缩在这五本书里。每一本一个专题，可以单独成书。每一本都有过去发表过的内容，也有新的内容。这样编排，可以从整体上认识我对这一问题的观点及其发展的轨迹，也方便读者根据需要选择，可以选择一套，也可单独选一本。

这套文集有幸由华东师范大学出版社出版。1956年我考入华东师范大学教育系，毕业后留校任教，直至1970年"文革"期间我离开母校，前后读书和工作了15年。今天我有一点成绩，离不开母校的培养。这次母校出版社又为我出版文集，更使我感激不尽。特别要感谢华东师范大学出版社大夏书系李永梅社长的策划和帮助。

当然这套文集的出版，不是我事业的终结，目前对于身体我自我感觉很好，争取再干20年，对此我有充分信心。在有生之年，将继续努力，为祖国的教育事业尽心尽力。以前，我在《人民教育》上写过一篇文章——《笑谈尝试人生》，用这篇文章的最后几段话（有修改）作为结束语，以表露我内心的体悟：

作为一个教师，我当过小学教师、大学教师、中学教师、师范学校教师，我是幸运的。

作为一个共产党员，为国富民强尽心尽力，问心无愧，我是忠诚的。

作为一个教育理论工作者，在大家的帮助下，我构建了具有中国特色的尝试教育理论，我是成功的。

作为一个教育实践工作者，我能走遍祖国的山山水水，为教师传播先进的教育思想，为各民族的孩子上课，我是快乐的。

作为一个父亲，我有美满的家庭，和妻子风雨同舟，相濡以沫度过50多年，两个孩子都有出息，我是幸福的。

作为一个人，我身体健康，身上各个"零件"还没有多大毛病，看来再活20年没问题，哈哈，活到100岁。

回首往事，风风雨雨80年，在成长的道路上不断尝试，不断成功。我无怨无悔，心满意足，每天都有好心情。这条尝试人生的道路我会继续走下去！

2016年1月

序

从《邱学华教育文集》前面三卷可以看出，我一生的研究成果有一些已在教育界产生了一定的影响。例如：

全国第一套小学生口算量表；

全国第一套小学数学标准化考试试卷；

建构尝试教学法的理论体系和操作模式；

尝试教学法升华到尝试教学理论及尝试教育理论；

提出"口算是笔算的基础""小学生计算要过关，必须抓口算"的科学结论；

最早提出把"口算、笔算、珠算"结合起来教学；

提倡小学生熟记加法口诀；

提出六段式课堂教学结构；

……

这些教育科研成果，受到广大教师的欢迎，也受到教育理论界的肯定，我先后荣获全国首届优秀教育理论著作奖、江苏省教育科研成果一等奖、全国第二届教育科研成果三等奖、2014年基础教育国家级教学成果一等奖等。

这些教育科研成果是我60多年来坚持深入教学第一线，克服重重困难不断进行教育实验所取得的，充分证明了一条颠扑不破的真理：教育实践是教育理论的源泉。我的导师、华东师范大学老校长刘佛年曾说，他之所以能从一个农村小学教师成长为知名的小学数学教育专家，就因为他的研究走的是一条理论联系实际的正确道路。原中央教科所课程教学研究中心主任戴汝潜曾说："邱学华先生，称之为楷模，称之为小学数学教育家是当之无愧的。

邱学华先生的历史就是一部'科研治教'史。"

现在把十多项教育实验研究报告汇集起来，编成第四卷《邱学华教育实验研究》，这是第一次汇集起来公开发表。从这些教育实验研究报告中，大家既能看到表面光鲜的研究成果，又能体会到背后的艰辛付出。在此过程中，我有几点领悟，现在拿出来供大家参考：

（1）教育实验研究周期长，不能急功近利，要有长期作战的思想准备。我开展尝试教学实验研究，前后已有近40年，如果连酝酿思考准备的时间算进去，就是60年；口算量表的研究、加法口诀的研究、"六段式"课堂结构的研究等都长达30多年。

（2）教育实验研究应有一定的规模，虽然操作起来会遇到重重困难。为了提高实验的信度和效度，应尽可能拥有大样本。为了测定小学生口算能力标准，有16个省、市、自治区的72000人次参加测试；小学数学标准化考试，有28个省、市、自治区的300多个单位，40万人次学生参加；尝试教学实验研究，实验范围遍及全国31个省、市、自治区以及港澳台地区，参与教师近百万，受教学生达3000万。这么多的单位和教师要联系、协调、培训，何其复杂。那时，通讯尚不发达，单靠书信、电话沟通，成千上万的数据全凭算盘统计分析，实在太麻烦了。但是为了把教育实验坚持到底，只能不惜时间，埋头苦干。

（3）我的十几个教育实验项目，并没有哪个上级部门分配给我做，都是自己根据教育实践的需要选定要搞的。因此，既没有上级的支持，也没有研究经费。自己还有本职工作，还会被旁人说不务正业，都是做的吃力不讨好的"傻"事，还要自掏腰包。唯一的例外就是，"尝试教学理论研究与实践"被列入全国教育科学"八五"规划重点研究课题，可也是"自筹经费"课题。一项历经30多年，实验范围遍及全国的大规模实验研究，却没有研究经费，很多人都感到不可思议。如果一个人不是为了教育事业的发展，具有为国为民的使命感、责任感和紧迫感，是不可能做到的。所以搞教育实验要端正思想，树立远大理想，丢掉功利思想，才能坚持到底，取得成功。

（4）一次教育实验研究，是团队合作的结晶。它不可能靠一个人，必须在许多教师和学生通力合作下才能顺利完成。在工作中要学会与他人合作，善待教师和学生。不要以研究者、指导者自居，要平等待人。我为什么能取得一个又一个成功？奥秘就在于依靠群众，发扬团队精神。我一再申明，尝试教学法不是我个人的发明，是千千万万教育理论工作者、教育实践工作者以及广大学生集体智慧的结晶。在此，我再次向他们表示由衷的感谢。

总之，我的经历充分证明：教育实践是教育理论的源泉，教育实验研究是教育走向科学的必要途径。中国教育科学尚处于发展阶段，需要我们大家共同努力，脚踏实地多作教育实验研究，在研究中少发空论，少唱高调，要用事实说话，用数据说话。对我来说，虽已进入暮年，但我精神尚好，愿同大家继续共同努力，为中国教育科学的繁荣，为中国教育理论走向世界添砖加瓦！

最后，必须申明：由于条件和精力所限，有些教育实验项目做得不够完善，离严格的教育实验要求尚有距离，希望读者阅读时注意。有些项目尚可继续作实证性的研究，例如口算能力的调查研究、加法口诀的研究、儿童形成几何初步概念的研究等，因为教育现象是复杂的，必须通过反复论证，才能逐步逼近科学的结论。我愿意同大家切磋，可提供所需的信息资料，我的邮箱是 13776884613@126.com，欢迎联系交流。谢谢大家。

邱学华

2017 年 8 月　常州香树湾

第11章　教育科学研究方法的入门知识　/193

第1章 基本口算与笔算相关问题的实验研究[1]

【简介】我在 20 世纪 60 年代开始研究基本口算与笔算的相关问题，通过大量的调查测验资料得出"口算是笔算的基础"的结论，笔算能力的提高，受口算熟练程度的制约，在小学阶段必须重视口算基本训练，并提出了口算训练的指标问题，为我国重视口算教学的主张提供了理论基础。

明确提出口算内容分成三类，最早提出"基本口算"这个概念，这对建立中国式口算教学法作出了贡献。

一、问题的提出

口算与笔算的关系问题，是小学算术教学中长期争论的问题之一。在当前教学改革编写新的算术教科书的过程中，这个问题尤为突出。口算与笔算关系处理得好，对提高学生计算能力，缩短教学时间有着重要的意义。

口算教学的内容较多，笼统地谈口算与笔算的关系不可能得出可靠的结论。所以，我把口算内容分成三类。

第一类：一百以内的口算，包括 20 以内加减法，表内乘、除法，以及百以内的乘加、乘减、除加、除减、两步计算等，这一类口算称为基本口算。

第二类：一般口算，包括可以归纳为百以内的整数四则计算（如：2506+1500、2400×3 等），以及简单的小数、分数计算。

第三类：特殊口算，包括利用运算定律和运算性质以及一些特殊法则进行的速算。

这三类口算，特点不完全相同，因此同笔算的关系也不完全一致。三类

---

[1] 本研究是在各地学校的领导和教师的大力协助下进行的。统计处理曾得到华东师大教育系李绍珠同志的帮助。

口算中，以基本口算与笔算的关系最为密切，因此我们主要研究基本口算与笔算的相关问题。

口算与笔算有密切的关系，这是早已有定论的。但是口算与笔算的关系的密切程度有多大，基本口算应该达到怎样的熟练程度，才能很好地为笔算服务，这里有一个数量指标的问题。

目前，不少学校出现忽视基本口算训练的趋向，他们的理由有三条：（1）基本口算只要在低年级打好基础，中、高年级就不必再训练了；（2）在笔算过程中已经练习了基本口算，不必再进行专门训练；（3）基本口算只要学生会做就行了，何必要求非常熟练呢？因此，我们必须通过调查研究，从理论上分析、解决上述问题。

综上所述，本研究是为了解决目前算术教学中存在的实际问题，为了解决算术教学法和算术教学心理学中有关学生计算能力形成的理论问题。具体如下：

（1）研究基本口算与笔算的相关问题；

（2）研究基本口算的训练指标问题。

二、研究方法

研究方法主要是通过广泛的调查测验，并结合对个别学生的观察实验。

测验试卷的编制方法：编制测验试卷是整个研究的重要工作之一。试卷分基本口算和笔算两套。基本口算试题，是从百以内的四则计算中，选择主要的 10 种不同类型的题目编成一组，全套有 24 组，共计 240 道题，每一组的难度基本相同。笔算试题，是多位数的四则计算，按加、减、乘、除混合编排，4 道题为 1 组，全套有 8 组，共计 32 道题。基本口算是定时测验，时间为 10 分钟；笔算分定时测验（10 分钟）、定量测验（前面 4 组 16 道题）两种。试卷初步编制后，曾在少数学校进行过预备测验，作了几次修改；定稿后再进行大规模的调查测验。

测验地区和人数：调查测验以上海地区为主，其中包括不同水平的市区小学 13 所，农村小学 6 所；另外有北京市，江苏省南京市、常州市、武进县、太仓县，浙江省杭州市、绍兴市、丽水县、定海县，安徽省合肥市，湖北省武汉市，广东省广州市，河南省郑州市等地的 20 所小学。参加测验的学校共计 39 所，158 个班级，7314 名学生。各年级人数的分配见表 1-1：

表 1-1　测验学生人数统计

年级	班级数	学生数
四	54	2539
五	50	2452
六	54	2323
合计	158	7314

测验时间从 1963 年 10 月到 1963 年 12 月。同时在上海市华东师大附小和徐汇区建襄小学作个别观察实验。

三、结果与讨论

1. 基本口算与笔算的相关问题

大量的测验材料表明，基本口算速度快的，笔算速度也快，正确率也高；反之，基本口算速度慢的，笔算速度也慢，正确率也低。我们通过四年级的班级差距统计和个别学生差距统计，就可以清楚地看出这个规律。详见表 1-2、表 1-3：

表 1-2　四年级计算能力的班级差距统计

类别	基本口算（定时：10 分钟）			笔算（定量：16 道题）	
	所做题数	做对题数	正确率	完成时间	成绩（百分制）
最好	108.7	101.6	93.4%	10′9″	79.5
最差	43	35.5	82.5%	18′12″	59.8
差距	65.7	66.1	10.9%	8′3″	19.7

表 1-3　四年级计算能力的个别学生差距统计

类别	基本口算（定时：10分钟）			笔算（定量：16道题）	
	所做题数	做对题数	正确率	完成时间	成绩（百分制）
最好	200	184	92%	6分30秒	94
最差	18	13	72.2%	30分钟	55
差距	182	171	19.8%	23分30秒	39

我们从 158 个班级中，四、五、六年级各抽 10 个班级（包括各种不同水平的班级）进行统计处理，结果表明，基本口算与笔算有极显著的正相关关系，相关系数都在 0.7 以上。统计结果见表 1-4：

表 1-4　基本口算与笔算的相关系数

年级	人数	相关系数
四	445	0.769
五	420	0.723
六	429	0.763

注：相关系数是数理统计中表示两个随机变量之间相关联程度大小的一个量，它的绝对值在 0 与 1 之间，当两个量之间相关联的程度愈大，相关系数的绝对值就愈接近 1。

对学生的笔算错误加以分析，也能揭示基本口算与笔算的相关关系。笔算中绝大部分的错误是由于基本口算发生错误而造成的。详见表 1-5：

表 1-5　笔算错误类型分析（%）

错误类型	加法	减法	乘法	除法
基本口算错误	96.5	82	90.7	73.2
计算法则错误	2.5	18	7.6	15.7
未做完	1	0	1.7	11.1

基本口算与笔算的正相关现象，从学生的练习过程中也能明显看出来。我们对 6 个中等水平的四年级学生进行基本口算的训练，结果表明随着基本口算能力的提高，笔算能力也会相应地提高。详见图 1-1：

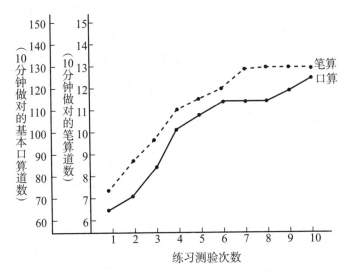

图 1-1　基本口算与笔算的练习曲线

以上各方面材料，都充分表明基本口算与笔算有显著的正相关关系，笔算四则计算的熟练程度是受基本口算的熟练程度的制约的。

基本口算与笔算显著的正相关现象，是由算术四则计算的规律决定的。把多位数笔算进行分解，它的基本运算部分就是基本口算。例如一道多位数乘法题：469×389，就可以分解为：8×9=72、6×9=54、54+7=61 等 22 道基本口算题，也就是说，有 22 个基本环节。如果其中有一道基本口算题发生差错，这道笔算乘法也就错了。从这个意义上说，笔算就是把一组基本口算的计算过程用笔记录下来的计算。

基本口算的熟练程度必须达到"自动化"，如看到或听到"54+7"，就不假思索地立即反应出"61"。这样才能保证在笔算过程中，按照计算法则从一个环节顺利地过渡到另一个环节，而不会在某个环节上停留；这样才能减轻学生在笔算计算过程中智力活动的负担，并保证计算的正确性和速度。

我们观察基本口算水平差的学生，在笔算过程中常常停留在基本环节的运算上，如计算 6×9+7，不能立即反应出 61，而需要列出 54+7 的竖式再计算，所谓在笔算外再做"小笔算"，这样就会使整个计算的思维过程中断，或者顾此失彼，影响计算的正确性和速度。

上述研究结果表明，基本口算是笔算的基础，基本口算的熟练程度制约着笔算计算能力的高低，这是算术教学的一条重要规律。所以小学算术教学必须十分重视基本口算训练。不但低年级要训练，中、高年级也要适当训练。我们的教学工作符合了规律，效果就好，违反了规律就会事倍功半甚至劳而无功。

2. 基本口算的训练指标问题

基本口算要达到熟练程度，那么怎样才算达到熟练的要求呢？这就需要有一个客观的标准。

制定口算训练的指标是极其复杂的，必须考虑"需要"与"可能"两个方面。既要考虑培养计算能力的要求，又要考虑目前学生的实际水平。

我们从这次调查测验中可以了解目前学生计算能力的水平。详见表1-6：

表1-6　6388名学生计算测验统计

年级	班级数	学生数	基本口算（10分钟）			笔算（10分钟）		
			所做题数	做对题数	正确率	所做题数	做对题数	正确率
四	48	2269	70.8	61.5	87%	12.6	9.2	73%
五	42	2116	82.8	76.8	92.7%	13.8	10.7	77.5%
六	46	2003	98.5	91.9	93.2%	16.1	12.9	80.1%

（说明：统计时已将不合测验要求的资料除去。7314人参加测验，以6388人的测验资料进行统计。）

从上表分析来看，学生的计算水平是不高的。那种认为中、高年级不必再训练基本口算的论点是没有科学根据的。

根据前面表1-2的资料，把三个年级的测验材料统一进行统计处理，算出回归方程，再由回归方程定出回归线。详见图1-2。

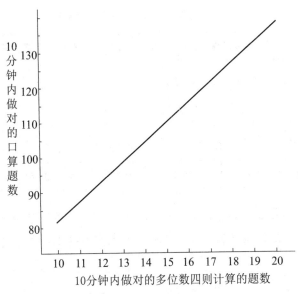

图1-2 基本口算在多位数四则计算上的回归

　　根据目前学生基本口算和笔算的实际水平，以及对笔算能力的要求，按照教学大纲的要求，对笔算熟练程度的要求不宜太高，一般以10分钟内做对多位数四则计算12题到18题为宜。然后按照图1-2回归线的分析，制定基本口算的训练指标。详见表1-7：

表1-7　基本口算训练指标

年级	基本口算训练指标
四	90
五	105
六	120

　　上述指标并不是太高。从这次调查测验的资料分析可以看出，各年级都有30%以上的学生达到或超过指标。

　　中、高年级的学生经过训练是能够达到这个指标的。我们在四年级的一个班进行了一次实验，每堂课用3—5分钟进行口算训练，两个月后学生的计算水平有显著提高。训练前后成绩对比见表1-8：

表 1-8　基本口算训练前后的成绩对比

	基本口算（定时：10 分钟）			笔算（定量：第一组 16 题）	
	所做题数	做对题数	正确率	完成时间	成绩（百分制）
训练前	54.6	40.8	74.7%	18′16″	59
训练后	98.2	92.3	93.9%	12′30″	82
提高的百分比	79.9%	126%	19.2%	缩短 31.5%	38.9%

从上表中可看出，这个班的学生原来计算能力较差，仅仅经过两个月的训练，计算能力有明显提高，这说明在中、高年级进行口算基本训练是很有必要的。

四、初步结论

（1）基本口算与多位数笔算有着极显著的正相关现象。这种正相关现象是受四则计算本身内在的规律和儿童学习四则计算的一般规律的制约的。

（2）把多位数笔算进行分解，它的基本运算部分就是基本口算。因此，口算是笔算的基础，基本口算的熟练程度制约着儿童计算能力的提高。

（3）根据全国部分地区 39 所学校，158 个班级，7314 名学生的调查测验资料进行分析，目前学生的计算水平不高，但学生在计算能力方面的潜力是很大的。加强基本口算训练是提高学生计算能力的重要措施。

（4）根据目前学生基本口算的一般水平以及基本口算与笔算相关的回归方程推算，制定出初步的基本口算的训练指标。这个指标是否可行，还必须作进一步研究。

（本文于 1964 年写成，由华东师大教育系翻印作为交流资料。1979 年 11 月在《小学数学教师》丛刊第 6 期上公开发表。）

第2章 小学生口算能力的调查研究

【简介】我为了研究口算与笔算的相互关系，在20世纪60年代进行了第一次全国范围的广泛调查。70年代末，为了制定小学生口算能力的标准，第二次在全国范围内进行大规模调查，受测学生达7万多人次。本报告全文刊登在1980年第2期《江苏心理学通讯》上，后研究成果又在《人民教育》上发表。根据全部研究资料，我又写成《小学生口算能力的测定》一书，由福建教育出版社出版。

30年后，2010年我又进行了一次全国性的调查研究，主要是为了解决"新课改后小学生的口算能力下降了吗？"的争论，我把第一次的调查结果作为参照点，以此衡量当时的小学生的口算能力是下降了还是提高了。事实胜于雄辩，说空话、唱高调都是没有意义的。

一、小学生口算能力的调查报告[1]

1.调查目的

近几年来，各地都重视了口算基本训练，学生的口算能力有了显著的提高。

学生口算能力的高低应该有一个尺度来衡量，也就是要制定出一个标准。有了一个标准，学生就有了奋斗目标，教师也能做到心中有数。学生的口算能力没有达到标准，应该加强练习；已经熟练了，口算基本训练的时间就可适当减少，把时间用于其他方面的训练。如果已经熟练了，再提出过高的要求，就会造成重复，浪费教学时间。因此，制定一套口算能力的标准已成为当前小学口算教学中迫切需要解决的问题。

---

[1] 本研究有常州市钟楼区文教科教研室孙雅春同志参与工作，并得到霍得元、叶季明、丁立英、徐仁声、林学苞、曾唯一、邱文良、王恒晓、刘春岭、张开勤等全国各地同志的协助。

制定一套测定小学生口算能力的标准，是一项极其复杂、细致的工作，不能过低，也不能太高。确定标准应该有两个科学根据：一是对口算与笔算相互关系的科学分析（这项研究我们已在 1963 年进行过，研究报告发表在《小学数学教师》第六期）；二是大量的调查测验资料。为此，1979 年，我们在全国 16 个省、市、自治区进行了广泛的调查测验，这项调查的目的是：

（1）了解全国各地小学生口算能力的水平；

（2）为制定一套口算能力的标准提供科学依据。

2. 调查方法

制定一套口算能力标准，必须有一套测定口算能力的量表，有了量表才能定出标准。

我们根据《小学数学教学大纲（试行草案）》中对口算教学的要求，按口算内容归类，编拟了 11 张量表。这 11 张量表编排顺序如下：

第 1 号：10 以内加减法；

第 2 号：20 以内加减法；

第 3 号：100 以内加减法（一）；

第 4 号：100 以内加减法（二）；

第 5 号：表内乘除法；

第 6 号：100 以内四则计算；

第 7 号：两位数乘以一位数；

第 8 号：除数是一、二位数的除法；

第 9 号：100 以外四则计算；

第 10 号：小数四则计算；

第 11 号：分数四则计算。

每张量表选择主要的 10 种不同类型的题目，编成一组，有 16 组，共计 160 题，每一组的难度大致相等，每次测验，16 组的次序可以互相调换。

量表初稿拟定后，先在部分学校中试测，再根据试测情况进行修改，最后编定正式量表在全国范围内调查测验。

测验规定为 5 分钟定时测验，以 5 分钟内做对的题数作为衡量指标。

调查测验的地区有：北京、上海、天津，江苏、浙江、山东、福建、安徽、河南、河北、湖南、湖北、黑龙江、陕西、内蒙古、新疆等 16 个省、市、自治区。测验学生达 72000 多人次。

各年级测验内容，根据该年级口算教学要求选择相应的量表。分配如下：

一年级：第 1、2、3 号；

二年级：第 2、4、5 号；

三年级：第 6、7、8 号；

四年级：第 8、9、10 号；

五年级：第 9、10、11 号。

调查测验的时间：1979 年年底到 1980 年年初。

3. 调查结果与分析

（1）小学生口算能力的一般水平。

如上所述，在全国各地同志的协助下，参加这次调查测验的学生达 72000 多人次。范围较广，人数较多。但由于受条件限制，江苏、上海等地较多，边远地区较少；城市较多，农村较少。不过，对于了解当时我国小学生口算能力的一般水平，仍有一定的参考价值。

每张量表，在 5 分钟内做对题数的平均值统计见表 2-1：

表 2-1　口算能力平均值统计

序号	内容	参加人数	平均成绩
1	10 以内加减法	7175	86.7
2	20 以内加减法	7017	76.1
3	100 以内加减法（一）	7718	57.6
4	100 以内加减法（二）	6040	51.3
5	表内乘除法	7110	93.3
6	100 以内四则计算	9021	44.5
7	两位数乘以一位数	6542	53.6
8	除数是一二位数除法	5532	43.5

序号	内容	参加人数	平均成绩
9	100 以外四则计算	5349	36.7
10	小数四则计算	5190	43.5
11	分数四则计算	5866	38.4
	参加人数（合计）	72584	

近几年来，由于课本中重视了口算教学，各地又大都重视了口算基本训练，所以学生的口算能力有显著的提高。从全国范围来说，这个水平还是比较好的。

（2）口算能力的差异。

从测验材料中我们可以发现：学生的口算能力差异极大，班级平均成绩最高的与最低的要相差好几倍，个别学生的成绩竟相差十倍到几十倍。统计结果见表 2-2：

表 2-2　口算能力差距统计（5 分钟内做对题数）

量表序号	内容	测验年级	个别学生成绩			班级平均成绩		
			最低	最高	相差倍数	最低	最高	相差倍数
1	10 以内加减法	一	15	160	12	35	140.4	4
2	20 以内加减法	一	5	160	32	23	113	4.9
3	100 以内加减法	二	16	160	10	29	101	3.5
5	表内乘除法	二	13	150	12.2	21	146	7
6	100 以内四则计算	三	4	158	39.5	13.4	102	7.6

小学生口算能力的差异主要取决于教学条件，重视口算教学的学校，学

生口算能力的水平就高，反之就低。目前，还有一些教师并没有明白"口算是笔算的基础"这个道理，不重视口算基本训练，因而影响了学生计算能力的提高。这些学生由于计算速度慢，更显得作业负担重。计算不过关也影响学生继续学习中学数学。

提高学生的口算能力并不困难，关键在于坚持经常训练。训练与不训练大不一样。常州市钟楼区各学校仅用三个月时间训练，学生的口算能力就得到显著地提高。训练前后全区的平均成绩统计，见表2-3：

表2-3　训练前后成绩比较（5分钟内做对题数）

量表序号	内容	测验年级	训练前	训练后	相差	后者比前者提高的百分比
1	10 以内加减法	一	66.8	99.5	32.7	48.9%
2	20 以内加减法	一	49.5	78.2	28.7	57.9%
5	表内乘除法	二	65.9	114	48.1	72.9%
6	100 以内四则计算	三	27	60.9	33.9	125.5%

（3）口算能力的标准问题。

我们根据大量的调查研究资料，着手制定口算能力的标准，主要以几方面资料作为依据：

目前小学生口算能力的一般水平；

口算与笔算的相互关系。口算能力只要能达到顺利解决一般计算问题的水平，就已基本达到要求，不必提出过高的要求；

学生口算成绩的频率分布。

将常州市钟楼区各小学训练三个月以后的成绩进行统计处理，画出每张量表成绩的频率分布。例如，图2-1是第2号量表（20以内加减法）成绩的频率分布图，成绩是5分钟内做对的题数，参加测验人数总计为1523人。

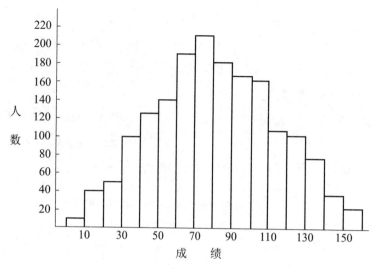

图 2-1　量表成绩频率分布

　　从频率分布图上可以看出，成绩在 60—90 题之间的人数最多。这就为制定口算能力标准提供了重要的依据。常州市钟楼区各小学的口算水平原属中等水平，经过三个月的训练，参加测验的人数，每张量表都有 1500 人左右。测验都严格控制条件，比较可靠。这样得到的频率分布图，对制定口算能力的标准是有参考价值的。

　　每一张量表需制定出两个标准：及格标准和优秀标准。及格标准，表示学生这方面的口算能力已经基本达到要求；优秀标准，表示学生这方面的口算能力已经达到熟练。标准见表 2-4：

表 2-4　小学生口算能力标准

序号	内容	及格标准	优秀标准
1	10 以内加减法	75	110
2	20 以内加减法	70	100
3	100 以内加减法（一）	60	90
4	100 以内加减法（二）	50	80
5	表内乘除法	85	120
6	100 以内四则计算	50	80

序号	内容	及格标准	优秀标准
7	两位数乘以一位数	55	85
8	除数是一二位数除法	50	75
9	100 以内外四则计算	40	65
10	小数四则计算	45	70
11	分数四则计算	40	65

按上面这个标准衡量，常州市钟楼区各小学仅经过三个月的训练，就大约有 60% 的学生达到及格标准，15% 的学生达到优秀标准。说明标准是可行的，符合学生实际情况。

4. 初步结论

（1）从调查 16 个省、市、自治区，学生 72000 多人次的情况来看，近几年来小学生口算能力已有显著提高，但发展不平衡，差异较大。

（2）根据《小学数学教学大纲（试行草案）》中对口算教学的要求，按口算内容归类编订 11 张测定口算能力的量表。经在全国范围内测试，证明编制的量表是可行的。

（3）根据大量的调查资料，初步拟定了 11 张口算能力量表的标准。经初步试用，这个标准也是可行的，并发现采用口算能力标准有如下几个好处：

第一，每张量表的标准，就是一个奋斗目标。学生有了明确的奋斗目标，能够提高学习兴趣，激发积极性和主动性，从而促进练习，提高效率。

第二，考查学生的口算能力有了一个客观的标准，能促使教师重视口算教学，提高教学质量。

第三，有了一个客观标准，教师可以做到心中有数，能够合理安排教学时间，提高教学效率。

在全国范围内调查小学生的口算能力，编制测定口算能力的量表以及标准，新中国成立以来还是第一次。这仅是一个实验的方案，工作中尚存在不少问题，还必须在教学实践中不断改进，不断完善。

二、小学生口算能力的再调查

1. 再调查的起因

1980 年前后，我们在全国范围内，对小学生的口算能力进行了广泛的调查测验。

（1）测验的目的：了解学生当前的口算能力，以此作为制定小学生口算量表标准的重要依据。

（2）测验的内容：根据小学口算教学的要求，编制了 11 张口算量表。

（3）测验的标准：以 5 分钟做对的题数为准。

（4）测验的地区：北京、上海，江苏、浙江、内蒙古、新疆等 16 个省、市、自治区，受测学生达 72000 多人次。

（5）测验的结果：制定了我国第一套小学生口算量表标准，写成《小学生口算能力的研究》一文（在《人民教育》上发表），写成《小学生口算能力测定》一书（由福建教育出版社于 1983 年出版）。

时隔 30 年，小学生口算能力有什么变化，特别是新世纪开始的新课改也已进行了 10 年，小学生的口算能力是提高了还是下降了，是目前大家争论的热点问题。

为此，我在 2010 年 11 月启动了"小学生口算能力的再调查"，测验的内容和标准同 1980 年第一次调查测验相同，这样可以用 1980 年测验的结果为参照点，进行前后比较才有科学结论。测验的范围，由于受条件所限，仅有 9 个省、市、自治区的 18 所学校，21182 人次参加，包括沿海和边疆、城市和农村的学校，仍有一定的代表性。

2. 再调查的结果

表 2-5 2010 年全国调查测验的结果

序号	内容	人数	5 分钟做对题数				测定年级
			最高	最低	平均	正确率	
1	10 以内加减法	1624	160	19	82.1	96.6%	一年级

序号	内容	人数	5分钟做对题数				测定年级
			最高	最低	平均	正确率	
2	20以内加减法	1717	158	4	49.1	95.9%	一年级
3	100以内加减法（一）	1840	112	12	45.4	94.7%	二年级
4	100以内加减法（二）	1631	80	12	31.2	82.1%	二年级
5	表内乘除法	1581	159	13	74.8	95.6%	二年级
6	100以内四则计算	2187	85	9	31.6	89.2%	三年级
7	两位数乘以一位数	1641	110	6	41.3	93.3%	三年级
8	一、二位数的除法	1696	148	4	40.7	92.2%	四年级
9	100以外四则计算	2425	120	12	36.2	89.2%	四年级
10	小数四则计算	2473	120	11	42.7	87.2%	五年级
11	分数四则计算	2367	119	5	37.3	91.1%	六年级

从上表提供的信息可知：

（1）10以内加减、20以内加减、表内乘除的计算速度较快，100以内加减法（二）、100以内四则计算、100以外四则计算的速度较慢。

（2）个别差异较大，最高做对题数与最低做对题数会相差十几倍乃至几十倍。个别差异的原因除计算熟练与否外，还涉及思维能力、反应能力、意志能力、动作灵巧能力等。这里突显了一部分专家和教师认识上的误区，他们往往把口算能力的高低归结为计算的熟练程度，其实应该同个体的思维的敏捷性、准确性、动作的灵巧性密切相关。否则很难解释20以内加减法最快的可做158道题，最慢的只能做4道题。因此，对学生进行口算训练，不仅是为了提高口算的熟练程度，更重要的是还能发展学生的思维能力、动作灵巧能力和意志力。

（3）小学生数学能力的两极分化，从口算教学中就开始了，提高后进生的口算能力也是解决两极分化问题的重要措施。

（4）正确率都较高，最高有96.6%，最低也有82.1%，一般都在90%以上，说明学生的口算能力水平较高。

3. 两次调查的结果分析

当前小学生的计算能力是否下降了，我们把 1980 年和 2010 年两次测验结果进行对比就能得出结论，详见表 2-6：

表 2-6　两次调查结果对比

序号	内容	5 分钟做对题数			口算能力标准	
		1980 年	2010 年	下降百分比	及格标准	优秀标准
1	10 以内加减法	86.7	82.1	5.4%	70 ～ 80	90 ～ 100
2	20 以内加减法	76.1	49.1	35.5%	60 ～ 70	80 ～ 90
3	100 以内加减法（一）	57.6	45.4	21.2%	45 ～ 55	60 ～ 70
4	100 以内加减法（二）	51.3	31.2	39.2%	40 ～ 50	55 ～ 65
5	表内乘除法	93.3	74.8	19.9%	80 ～ 90	100 ～ 110
6	100 以内四则计算	44.5	31.6	29%	35 ～ 45	50 ～ 60
7	两位数乘以一位数	53.6	41.3	23%	45 ～ 55	67 ～ 70
8	一、二位数的除法	43.5	40.7	6.5%	35 ～ 45	50 ～ 60
9	100 以外四则计算	36.7	36.2	1.4%	35 ～ 45	50 ～ 60
10	小数四则计算	43.5	42.7	1.8%	35 ～ 45	50 ～ 60
11	分数四则计算	38.4	37.3	2.9%	35 ～ 45	50 ～ 60

由于 1980 年和 2010 年两次测验的内容和方法都相同，但测验的范围和对象有所变动，又由于教学大纲（或课程标准）几经变动，对口算教学的要求有所变化，因此所得数据仅有参考价值。

根据以上统计表的信息，可以看出以下几大趋向：

（1）从整体上看，小学生计算能力有所下降，这是不争的事实，其中第 2、4 项下降 30% 左右，第 3、5、6、7 项下降 20% 左右，其他项差距不大，都在 5% 以内。

（2）1980 年制定的小学生口算能力标准有两个：一个是及格标准，一个是优秀标准。由于我国地域辽阔，地区之间有差异，因此每个标准都有上限和下限。依此标准衡量 2010 年的测验结果，大都能达到及格标准的下限，也就是说大都能达到基本要求，说明下降幅度在控制范围以内，不值得大惊小怪。

4. 感悟与反思

（1）这次小学生口算能力的再调查，用统计数据说明，当前的小学生口算能力有所下降，但大多数学生都能达到基本要求，并没有想象的那么差，不要过分担忧。现在需要实事求是、心平气和地分析下降的原因，采取一定的教学措施补救。

（2）我们应该充分认识口算教学在小学数学教学中的重要作用，不仅有实用价值，更重要的是还有教育价值，能够有效地发展学生的思维敏捷性和准确性，提高动作反应的灵巧度和培养意志力。

（3）当前应该大兴调查研究之风，对于新课改中存在争议的一些问题，采用摆事实、讲道理的办法开展百家争鸣，要少说空话，少唱高调。

（4）教学工作中要提倡用科学发展观分析问题和解决问题。用辩证唯物主义观点正确处理数学双基与发展智力的关系，小学生口算能力不是可有可无的技巧问题，而是涉及一个人的数学基础，会影响学生的后继学习，同时也涉及一个人的思维能力、反应能力和意志力的发展。中国的口算教学经验受到国际数学教育界的重视，我们应该继续总结提高，促进中国的数学教育走向世界。

本次研究有全国 18 所学校参与调查测验，都是自愿的，而且是义务的，没有任何报酬。这 18 所学校是：江苏省常州市博爱小学、溧阳市天目湖学校、昆山市巴城中心小学，广州市海珠区梅园西路小学、花都区棠澍小学、花都区新华田美小学，广东省深圳市松坪学校、东莞市南开实验学校，江门市新会区红卫小学，内蒙古自治区土默特右旗党三尧中心小学，西藏自治区拉萨市雪小学，天津市南开区中心小学，浙江省宁波市万里国际学校，四川省眉山师范附小、重庆市南岸区珊瑚小学、渝中区人和街小学，福建省泉州市南少林学校等。他们做了大量工作，在此表示衷心感谢。

三、全套小学生口算量表

5分钟	及格标准	70～80
	优秀标准	81～100

第1号　10以内加减法

1+1=	5−1=	5−2=	2+5=
5+2=	2+1=	10−8=	6+4=
7−3=	4+3=	7+3=	5−3=
9−6=	9−7=	1+2=	9−8=
3+7=	8+2=	2+6=	3+1=
9+1=	7+0=	3+4=	9−0=
3−2=	5−3=	8−3=	2+3=
10−2=	10−4=	9−4=	10−5=
1+2+5=	7−3−2=	3+2+5=	6+1+3=
9−7−0=	4+2+4=	9−6−3=	9−3−4=
4+4=	1+3=	3+7=	1+7=
2+8=	3+5=	4+1=	2+8=
5−4=	5+5=	10−2=	8−4=
4+6=	8−2=	6−1=	6−2=
8−1=	2−1=	2+6=	3+2=
2+2=	2+4=	4+5=	9−5=
3−1=	4−4=	8−3=	10−7=
10−6=	10−1=	7−4=	0+5=
9−1−5=	8−4−1=	2+3+4=	3+2+5=
3+3+3=	2+0+6=	6−2−2=	9−2−5=
6−6=	5+3=	6−4=	5+4=
10−3=	1+4=	2+7=	4−2=
2+3=	6−3=	4+4=	1+6=
8+1=	10−4=	8−0=	10−5=
8−5=	7+2=	5+1=	2+5=
7−3=	1+9=	6+3=	4+2=
3+5=	8−6=	8−7=	9−1=
1+9=	9−6=	10−3=	7−6=
1+0+8=	7−1−4=	1+7+2=	2+5+2=
9−1−5=	5+1+4=	8−4−3=	8−5−3=
3+3=	3+6=	2+7=	7−2=
7+1=	2+4=	5+5=	6+1=
6−5=	4−3=	7−1=	3+4=
10−6=	6+2=	10−8=	10−9=
4+5=	10−7=	1+5=	0+9=
9−2=	4+6=	3+6=	4−1=
4+0=	9−3=	9−4=	9−5=
7−5=	7−4=	8−5=	1+8=
10−6−2=	10−3−7=	3+4+1=	9−7−1=
3+3+4=	1+4+4=	10−7−2=	4+3+2=

第2号　20以内加减法

13−6=	15−8=	4+7=	13−6=
9+8=	8+8=	6+8=	6+7=
8+7=	5+9=	16−9=	11−2=
16−9=	12−6=	12−3=	14−8=
3+8=	9+7=	8+9=	4+8=
14−5=	7+8=	9+6=	7+4=
12−7=	13−4=	11−5=	9+5=
7+9=	11−9=	14−7=	12−8=
4+4+9=	2+6+8=	16−8−4=	2+6+3=
14−6−7=	11−7−2=	4+3+9=	13−7−6=
8+3=	13−7=	5+6=	8+4=
2+9=	8+4=	7+4=	5+7=
17−9=	7+5=	14−9=	15−6=
14−8=	11−8=	8+5=	12−5=
6+8=	17−8=	16−7=	3+9=
8+9=	6+9=	4+9=	8+6=
11−8=	3+8=	15−8=	11−5=
18−9=	12−9=	12−6=	13−8=
13−8=	3+4+8=	11−6−5=	16−9−6=
18−9−4=	15−7−3=	6+3+5=	5+2+7=
14−9=	14−6=	6+6=	12−5=
7+7=	4+8=	8+6=	16−8=
15−7=	11−7=	15−7=	8+5=
13−5=	16−8=	12−8=	7+6=
7+9=	6+5=	9+8=	13−9=
4+7=	8+7=	5+7=	11−6=
9+6=	17−9=	13−9=	6+7=
11−7=	9+7=	11−4=	9+9=
5+4+5=	4+5+8=	15−8−3=	17−8−1=
18−9−9=	17−9−4=	8+2+8=	9+1+6=
9+2=	15−6=	3+9=	7+8=
11−3=	9+3=	5+8=	14−6=
4+9=	7+6=	12−7=	18−9=
16−7=	12−4=	11−9=	13−8=
7+5=	3+8=	9+4=	5+6=
15−9=	5+9=	7+7=	9+5=
6+9=	12−9=	13−5=	15−9=
13−7=	11−6=	17−8=	2+9=
1+2+4=	13−5−5=	2+5+6=	5+2+8=
12−6−3=	3+1+8=	16−8−3=	12−7−4=

5分钟	及格标准	45～55
	优秀标准	56～70

40+50=	80−70=	20+80=	70−40=
92+6=	64−8=	2+35=	21−4=
78−50=	70+9=	62−20=	2+90=
93−7=	66+8=	85−9=	49−7=
8+57=	89−4=	46+5=	9+23=
30+68=	69−6=	20+74=	37−8=
59−3=	73−4=	99−6=	60−2=
41−2=	30−3=	25−6=	56+9=
87−8−60=	9+33+6=	79−8−4=	5+51+4=
65−7+10=	29+30−4=	42+40−4=	30−3+50=

70+20=	50−10=	60+40=	90−60=
63+5=	84−9=	3+26=	42−6=
82−40=	20+5=	97−70=	4+40=
43−8=	37+4=	21−5=	27+9=
6+77=	48−5=	78+3=	39−2=
20+35=	2+18=	10+84=	7+69=
18−3=	55−7=	78−6=	37−9=
44−6=	90−5=	66−8=	40−4=
90−5−80=	70+20+9=	93−70−4=	9+21+60=
80−8+20=	35+30−8=	73−50+7=	84−60+90=

30+40=	80−50=	80+10=	60−30=
41+5=	83−9=	5+54=	92−7=
91−60=	9+50=	74−20=	6+60=
72−8=	58+4=	61+20=	48+7=
6+54=	57−3=	76+4=	88−2=
35+30=	8+88=	64+20=	5+48=
96−4=	91−3=	47−5=	53−5=
76−9=	70−7=	40−32=	80−6=
81−7−70=	27+50+3=	45−10−6=	50+4+40=
36+40−8=	96+80+9=	68−50+8=	59−7+30=

20+60=	90−40=	50+20=	70−20=
52+7=	41−8=	4+44=	61−7=
69−40=	30+8=	85−70=	40+7=
51−9=	49+4=	32−9=	69+8=
3+37=	25−2=	39+5=	76−2=
24+50=	7+25=	16+70=	3+68=
34−2=	63−6=	65−3=	35−8=
72−5=	50−9=	94−7=	60−8=
65−30−2=	15+8+6=	53−6−9=	37+5+40=
46−4+40=	50−5+50=	49+20−5=	60+18−9=

| 5 分钟 | 及格标准 | 40～50 |
| | 优秀标准 | 51～65 |

61+31=	22+62=	89-63=	13+45=
32+18=	54+46=	29+34=	69+16=
43-31=	47-22=	44+53=	98-75=
41-12=	52-24=	80-27=	100-5=
25+31=	26+72=	63+14=	69-26=
38+37=	65-33=	38+25=	19+39=
73-22=	17+34=	78-44=	41+17=
92-75=	83-65=	76-29=	71-36=
27+9+5=	74-50-8=	9+38+48=	92-60=
44-6+40=	60-4+20=	37+30-8=	40+12=
85-11=	68-52=	25+43=	64+25=
42+41=	13+62=	18+59=	48+23=
23+47=	29+71=	85-74=	99+65=
86-38=	61-24=	70-32=	100-7=
26+51=	37+22=	34+34=	32+17=
96-46=	47+36=	49+47=	97-49=
54-42=	96-43=	79-34=	88-37=
56+15=	57-38=	82-66=	9+12=
54+7+30=	62-9-4=	16+40+7=	71-7=
76+10-9=	96-80+7=	88-50+9=	70-84=
13+51=	54+12=	56+23=	52+36=
56+34=	53+47=	59+33=	29+55=
37-21=	79-62=	56-24=	97-36=
31-18=	64-48=	35+54=	50-18=
37+61=	72+23=	100-21=	21+18=
74-36=	87-23=	67+25=	44-17=
75-52=	25+18=	46-15=	89-57=
27+49=	58-29=	42-28=	37+17=
62+9-20=	55-20-6=	38+7+7=	84-40=
71-7+30=	25+20-7=	72-50+9=	35+64=
54+41=	25+22=	12+34=	43+26=
59-31=	71+19=	60-24=	38+46
35+65=	64-13=	97-54=	98-86=
53-29=	81-49=	58+28=	100-3=
38+41=	13+83=	42+35=	72-17=
86-42=	16+46=	64-25=	25+27=
38+54=	68-43=	97-25=	29-18=
84-39=	62-43=	49+18=	11+14=
6+39+8=	71-7-6=	70+20+3=	45-5=
58+7-40=	62+30-5=	40-7+8=	83-50=

第 5 号　表内乘除法

18÷9=	5×3=	8×4=	14÷2=
3×2=	6×4=	3×6=	4×9=
7×4=	40÷8=	7÷7=	7×8=
5÷5=	2×4=	27÷9=	36÷4=
7×6=	56÷7=	9×8=	6×3=
3×5=	9×9=	4×2=	6×9=
56÷8=	63÷7=	2÷1=	8÷1=
42÷6=	6÷1=	45÷5=	72÷8=
6×9=	10÷2=	8×6=	63÷9=
27÷3=	4×8=	32÷8=	2×5=
10÷5=	2×2=	1×1=	5×2=
8×9=	3×4=	9÷3=	9×6=
2×3=	3÷3=	2×6=	24÷8=
24÷4=	40÷5=	72÷9=	9÷9=
4×3=	6×6=	5×5=	3×7=
8×6=	32÷4=	4÷2=	8×8=
56÷7=	49÷7=	7×8=	16÷4=
6×7=	24÷3=	42÷6=	36÷6=
36÷4=	6×8=	7×3=	9×4=
4÷1=	5×9=	20÷4=	25÷5=
7×2=	7×5=	20÷6=	18÷6=
3×9=	2×8=	4×4=	7×1=
24÷4=	14÷7=	1×6=	30÷6=
15÷3=	9×3=	35÷5=	8÷4=
5×7=	15÷5=	8×2=	4×7=
8÷2=	18÷2=	5×8=	2×9=
1×4=	8×9=	18÷3=	4×5=
30÷5=	5×1=	81÷9=	28÷4=
7×9=	54÷6=	9×7=	8×5=
48÷8=	42÷7=	16÷2=	54÷9=
3×8=	6÷2=	9×2=	3×3=
1×2=	6×5=	21÷3=	9×5=
36÷9=	8×7=	1÷1=	10÷2=
12÷3=	48÷6=	5×4=	64÷8=
6×2=	3×1=	1×8=	7×9=
16÷8=	2×7=	4×9=	9×1=
7×7=	12÷4=	48÷6=	12÷6=
45÷9=	63÷9=	5×9=	35÷7=
5×6=	8×3=	28÷7=	21÷7=
42÷7=	72÷8=	9×9=	8×7=

第6号　100以内四则计算

13+48=	100–23=	74–45=	95÷5=
81÷3=	72÷2=	99÷9=	98–68–2=
50÷9=	40+18+7=	16×5=	88÷8=
65–35–7=	72÷4=	48÷6=	100–44=
17×5=	50÷8=	78–30–20=	49×2=
6×2×5=	6×4÷8=	8×3×3=	41÷9=
0÷2÷6=	29×3=	5×7+5=	6+29+30=
7×7+2=	7×9+7=	8+46+5=	42÷7÷6=
37+7+40=	22–3×6=	4×3÷2=	4×8+8=
40–6×6=	81–40–6=	41–7×5=	60–9×6=
12×8=	81–46=	45+55=	100–82=
92–27=	58÷1=	13×7=	15+9+8=
78÷6=	32–0–28=	96÷8=	19×5=
57–30–8=	84÷7=	61÷8=	84÷2=
26÷3=	15×5=	39+3×7=	90÷6=
8×1×9=	58+8+5=	5×6×3=	7×8+4=
52–5×9=	32÷7=	71–8×8=	32÷5=
4×6+3=	43–9×4=	0×8÷6=	69–29–3=
9×6÷6=	36÷9÷9=	74–50–5=	55–8×6=
5+4+81=	2×9+5=	6×6+8=	54÷6÷9=
15×6=	4+9+9=	34+29=	53–36=
65÷18=	84÷6=	68÷4=	96÷4=
9+9+9=	61–54=	27×3=	80÷5=
39÷3=	75÷5=	6+6+8=	58÷7=
26÷6=	74÷9=	20÷3=	97–50–5=
42–8–20=	6×8+4=	3×9×2=	14×4=
6×9×0=	24×4=	72÷8×4=	7+5+9=
70–9×7=	97–8–9=	9×3÷8=	48÷6÷2=
56×7×6=	72÷8÷3=	53–7×7=	9×4+6=
4×7÷8=	62–7×8=	51–11–1=	32–4×7=
48+16=	90–78=	28+72=	5+6+9=
18×4=	91÷7=	17×4=	38–8–7=
87÷3=	25×3=	86–7–50=	12×6=
30÷4=	42÷3=	7+8+6=	38÷2=
4×0×8=	9+7+7=	72÷6=	56÷4=
41–5–3=	35÷4=	15÷2=	100–79=
49÷7×9=	30–8×3=	5×8×2=	44÷5=
35–3×9=	82–6–5=	9×5+7=	7×5+6=
9+8+4=	8×3+6=	25–5×2=	15÷3÷5=
5×5+7=	28÷7÷2=	63÷7×5=	34–8×4=

第 7 号　两位数乘一位数

5分钟	及格标准	45～55
	优秀标准	56～70

32×3=	20×4=	13×3=	30×3=
60×3=	42×3=	80×5=	94×2=
49×2=	35×2=	26×3=	19×4=
12×7=	14×6=	37×2=	13×5=
43×4=	38×5=	29×6=	26×7=
72×5=	87×9=	78×4=	48×8=
62×8=	37×4=	57×7=	64×6=
82×6=	85×8=	92×9=	96×9=
14×9=	18×7=	13×8=	19×8=
17×8=	37×3=	27×4=	18×9=

21×4=	10×8=	11×8=	90×1=
70×9=	71×6=	90×4=	81×5=
14×4=	16×5=	16×6=	14×7=
19×5=	17×4=	24×4=	28×3=
24×8=	32×9=	94×3=	75×2=
97×2=	38×3=	65×9=	45×6=
86×3=	59×2=	94×5=	39×7=
84×7=	84×4=	79×2=	97×8=
17×6=	17×7=	19×6=	25×4=
39×3=	14×8=	16×7=	19×9=

44×2=	40×2=	23×3=	30×2=
50×6=	71×9=	40×8=	53×3=
48×2=	29×3=	25×3=	18×4=
12×8=	13×6=	12×5=	18×5=
43×9=	36×8=	86×2=	36×7=
83×5=	42×7=	69×4=	58×6=
78×3=	55×4=	68×7=	73×8=
96×4=	98×5=	84×9=	53×9=
15×7=	12×9=	18×6=	36×3=
15×9=	25×8=	10×7=	17×9=

11×7=	10×7=	87×1=	20×3=
50×8=	62×4=	70×7=	61×8=
13×4=	14×5=	15×6=	13×7=
27×3=	15×5=	23×4=	36×2=
32×6=	65×3=	56×5=	65×4=
78×2=	59×8=	47×3=	65×5=
47×5=	66×2=	59×3=	76×6=
93×7=	95×6=	88×2=	94×3=
16×9=	38×3=	15×8=	29×4=
28×4	18×8=	26×4=	35×3=

第8号　除数是一、两位数的除法

54÷2=	84÷3=	56÷4=	90÷5=
60÷4=	85÷5=	92÷2=	54÷3=
65÷5=	78÷6=	96÷8=	42÷3=
85÷7=	91÷4=	58÷3=	55÷2=
97÷8=	73÷7=	47÷5=	92÷6=
624÷3=	706÷2=	756÷9=	508÷4=
780÷6=	855÷9=	892÷4=	856÷8=
900÷30=	300÷60=	460÷20=	350÷7=
72÷24=	90÷15=	57÷19=	72÷18=
60÷12=	560÷14=	116÷58=	0÷96=

72÷6=	84÷7=	86÷2=	69÷3=
74÷2=	52÷4=	84÷6=	77÷7=
76÷4=	38÷2=	81÷3=	84÷4=
63÷5=	74÷6=	92÷3=	85÷8=
85÷3=	61÷2=	66÷4=	37÷2=
768÷8=	700÷5=	980÷7=	618÷6=
609÷7=	705÷3=	710÷2=	650÷5=
350÷50=	400÷80=	420÷10=	990÷90=
84÷21=	70÷14=	91÷13=	85÷17=
42÷14=	600÷15=	125÷25=	900÷45=

76÷2=	75÷3=	92÷4=	75÷5=
60÷6=	80÷8=	90÷2=	48÷3=
57÷3	90÷2=	78÷3=	68÷4=
74÷4=	92÷5=	89÷6=	79÷2=
93÷2=	73÷6=	86÷8=	97÷7=
721÷7=	819÷3=	540÷5=	840÷6=
905÷5=	924÷4=	952÷2=	573÷3=
800÷40=	650÷50=	560÷70=	920÷40=
87÷29=	68÷34=	84÷12=	64÷16=
126÷63=	960÷16=	52÷13=	690÷23=

90÷6=	91÷7=	98÷2=	72÷3=
72÷4=	66÷2=	80÷5=	64÷4=
96÷4=	96÷6=	99÷9=	95÷5=
71÷3=	94÷9=	94÷7=	93÷8=
84÷5=	47÷3=	58÷4=	83÷4=
603÷9=	720÷4=	960÷8=	634÷2=
840÷7=	696÷8=	981÷9=	900÷6=
640÷80=	750÷30=	720÷40=	580÷20=
51÷17=	90÷18=	76÷19=	75÷15=
105÷35=	980÷14=	96÷12=	200÷25=

5分钟	及格标准	35 ～ 45
	优秀标准	46 ～ 60

$25 \times 4=$	$280+420=$	$86 \times 4=$
$780-250=$	$450+910=$	$80 \times 50=$
$3600+2400=$	$270 \times 3=$	$820-170=$
$714+45=$	$600 \div 5=$	$190-89=$
$458 \div 2=$	$940-70=$	$105 \div 3=$
$2600-800=$	$125 \times 8=$	$112 \div 16=$
$460 \times 200=$	$172-32=$	$1900+4500=$
$108 \div 18=$	$2700 \div 100=$	$353+26=$
$50 \times 20 \div 100=$	$30 \times 5-50=$	$560 \div 7+40=$
$180 \div 6-30=$	$20+60 \times 3=$	$300 \div 30 \times 10=$
$960 \div 4=$	$360+190=$	$750 \div 5=$
$7500+1500=$	$240+850=$	$810+960=$
$915+82=$	$420-80=$	$640-470=$
$880-530=$	$320 \times 5=$	$67 \times 7=$
$58 \times 3=$	$4900-2700=$	$4600+2800=$
$117 \div 13=$	$426 \div 3=$	$102+17=$
$4100-700=$	$125 \times 4=$	$384-61=$
$12 \times 1000=$	$8200 \div 20=$	$1200 \times 50=$
$280 \div 7-25=$	$40 \times 9-30=$	$800 \div 20 \div 4=$
$70 \times 20 \times 30=$	$700-20 \times 30=$	$250 \div 5 \div 60=$
$846 \div 6=$	$5900+2700=$	$1000+5=$
$800 \div 16=$	$620-50=$	$430-350=$
$530+270=$	$295-55=$	$130 \times 7=$
$620+730=$	$35 \times 6=$	$680+320=$
$180 \times 4=$	$740+530=$	$115 \div 23=$
$9500-8500=$	$720+6=$	$28 \times 70=$
$790-140=$	$40 \times 700=$	$720+190=$
$43 \times 60=$	$2310 \div 30=$	$444-33=$
$750 \div 3-50=$	$60 \times 8-70=$	$600 \div 6 \div 25=$
$40 \times 10 \div 8=$	$30+70 \times 6=$	$320 \div 4+25=$
$490-250=$	$19 \times 9=$	$2000 \div 4=$
$260+370=$	$764 \div 4=$	$200 \div 25=$
$370 \times 8=$	$6500+1700=$	$243+57=$
$1048 \div 8=$	$600-60=$	$950-780=$
$900 \div 15=$	$208+23=$	$690+180=$
$6400-1600=$	$5100 \div 50=$	$530 \times 9=$
$460 \times 8=$	$180-72=$	$620 \times 90=$
$770+230=$	$1400 \times 30=$	$275-25=$
$3640 \div 8-80=$	$60 \times 6-40=$	$360 \div 9+37=$
$10 \times 100 \times 7=$	$800-40 \times 5=$	$900 \div 100 \div 3=$

第 10 号　小数四则计算

2.3+100=	1−0.99=	4.1+3.7=
10.7+0.01=	0.16÷8=	0.61+0.39=
9.94−0.4=	0.54+0.22=	0.125×8=
11.1−5=	5+2.5=	5.4×0.3=
2.1×70=	12÷8=	9.3−3.6=
1.5×0.6=	0.6÷0.15=	8.7−0.9=
0.09+1.9=	0.97−0.87=	8.1÷9=
4.1+9=	6.6−6=	2÷4=
9÷5=	1.5×600=	1−0.1=
1−0.07=	3.4×0.6=	0.201÷0.1=
0.5+10=	1−0.06=	0.2+0.7=
21+5=	0.054÷9=	1.4+0.6=
5.55−0.5=	0.17+0.61=	4×1.25=
13.8−8=	7+0.3=	0.3×0.32=
480×0.02=	7÷2=	7.3−2.3=
2.9×0.3=	1.8÷0.2=	4.3−0.8=
0.03+1.5=	3.25−0.25=	5.4÷6=
5.2+8=	5.3−3=	9÷5=
4.2+0.6=	80×0.5=	1−0.4=
1−0.11=	1.7×0.6=	0.14+0.7=
0.32÷4=	1−0.38=	0.4+0.4=
9÷6=	0.21÷3=	0.7+0.8=
1.6−1.16=	0.32+0.06=	1.88×0=
16.4−9=	5.7+3=	0.1×0.01=
3.6×200=	1÷8=	5.6−4.6=
1.6×0.5=	2.1÷0.3=	5.4−0.8=
0.16+0.6=	0.98−0.94=	5.0÷8=
11+9.9=	4.1−1=	7÷5=
0.3+0.15=	2.5×100=	1−0.8=
1−0.94=	1.3×0.6=	0.27÷3=
0.35÷5=	1−0.65=	0.3+0.6=
6÷4=	0.36÷2=	6.5+0.5=
0.53−0.3=	0.45+0.21=	0.9×6=
12.7−7=	0.4+6=	1.2×0.3=
240×0.03=	5÷2=	0.8−0.3=
4.5×0.2=	1.6÷0.8=	3.6−0.7=
0.54+0.2=	0.78−0.37=	2.8÷7=
6+4.4=	7.4−4=	1÷4=
8.9+8.9=	60×0.05=	1−0.3=
1−0.41=	12.5×8=	0.48÷0.4=

| 5分钟 | 及格标准 | 35～45 |
| | 优秀标准 | 46～60 |

$\frac{1}{8}+8=$	$2\frac{4}{7}\times 1\frac{2}{7}=$	$\frac{2}{3}\times 6=$	$6-2\frac{5}{9}=$
$\frac{2}{7}+\frac{2}{7}=$	$\frac{5}{12}+\frac{1}{12}=$	$\frac{34}{35}\times\frac{4}{17}=$	$6\frac{8}{9}-3\frac{5}{9}=$
$\frac{2}{5}\times 2=$	$\frac{18}{19}\times\frac{2}{9}=$	$6+\frac{1}{3}=$	$2\times\frac{2}{7}=$
$\frac{4}{5}\times\frac{5}{12}=$	$1\frac{1}{2}\times\frac{2}{3}=$	$\frac{1}{3}+\frac{2}{3}=$	$\frac{2}{3}\times\frac{4}{4}=$
$3\frac{7}{8}-3=$	$7\frac{7}{8}\times\frac{5}{8}=$	$\frac{5}{6}-\frac{1}{3}=$	$1\frac{6}{13}+\frac{5}{13}=$
$\frac{4}{5}\times\frac{3}{5}=$	$\frac{6}{7}\div 2=$	$1\frac{1}{6}\times 2=$	$1\frac{5}{8}+\frac{1}{8}=$
$1\frac{1}{5}\times 2=$	$\frac{1}{2}+\frac{1}{3}=$	$\frac{3}{8}+\frac{1}{2}=$	$0\times 1\frac{5}{9}=$
$\frac{1}{3}\times\frac{1}{5}=$	$2-1\frac{4}{7}=$	$1\div\frac{3}{4}=$	$\frac{1}{2}-\frac{1}{3}=$
$\frac{1}{2}\times\frac{1}{4}=$	$\frac{1}{2}-\frac{1}{4}=$	$1+\frac{1}{5}=$	$\frac{3}{2}\div\frac{2}{3}=$
$3\div\frac{1}{5}=$	$1\times\frac{7}{8}=$	$\frac{13}{21}-\frac{13}{21}=$	$\frac{3}{7}+\frac{1}{4}=$
$\frac{1}{5}+3=$	$2\frac{4}{9}+\frac{5}{9}=$	$\frac{2}{7}\times 14=$	$10-6\frac{1}{2}=$
$\frac{1}{4}+\frac{3}{4}=$	$2\frac{2}{9}+1\frac{4}{9}=$	$\frac{8}{11}\times\frac{3}{4}=$	$1\frac{9}{10}-\frac{7}{10}=$
$\frac{3}{22}\times 11=$	$\frac{3}{16}\times\frac{4}{5}=$	$5+\frac{1}{2}=$	$60\times\frac{1}{5}=$
$\frac{1}{2}\times\frac{3}{4}=$	$\frac{4}{5}\times 1\frac{1}{4}=$	$\frac{1}{2}+\frac{1}{2}=$	$\frac{7}{51}\times\frac{17}{20}=$
$9\frac{2}{15}-6=$	$6\frac{4}{7}-2\frac{4}{7}=$	$\frac{7}{10}-\frac{2}{5}=$	$1\frac{1}{6}+\frac{1}{6}=$
$1\frac{4}{5}+7=$	$1\frac{7}{8}-\frac{7}{8}=$	$\frac{2}{3}\times 4=$	$1-\frac{5}{7}=$
$\frac{3}{10}+\frac{9}{10}=$	$\frac{11}{24}+\frac{11}{24}=$	$\frac{1}{4}\times\frac{2}{5}=$	$\frac{5}{12}-\frac{1}{12}=$
$\frac{7}{9}\times 0=$	$\frac{8}{9}\times\frac{5}{7}=$	$4+2\frac{5}{6}=$	$50\times\frac{3}{10}=$
$\frac{19}{20}\times\frac{7}{57}=$	$\frac{1}{3}\times\frac{7}{6}=$	$\frac{5}{8}+\frac{5}{8}=$	$\frac{11}{12}\times\frac{5}{44}=$
$\frac{2}{3}-\frac{1}{6}$	$\frac{14}{15}-\frac{4}{15}=$	$\frac{2}{5}-\frac{3}{10}$	$4\frac{1}{3}+1\frac{2}{1}=$

$\frac{7}{10}-\frac{7}{10}=$	$\frac{5}{8}\div2=$	$3\frac{1}{3}\times9=$	$3\frac{3}{10}+1=$
$5\times1\frac{1}{10}=$	$\frac{1}{5}+\frac{1}{6}=$	$\frac{2}{3}+\frac{4}{9}=$	$7\times1\frac{1}{7}=$
$\frac{5}{6}-\frac{5}{12}=$	$10-3\frac{14}{15}=$	$1\div\frac{2}{9}=$	$\frac{3}{8}-\frac{1}{3}=$
$\frac{3}{16}+\frac{1}{8}=$	$\frac{1}{3}-\frac{2}{7}=$	$1-\frac{1}{4}=$	$\frac{2}{3}\div\frac{1}{2}=$
$12\div\frac{3}{4}=$	$40\times\frac{3}{8}=$	$1\frac{5}{6}-\frac{1}{6}=$	$\frac{2}{9}+\frac{1}{2}=$
$\frac{5}{7}-\frac{3}{7}=$	$\frac{3}{5}\div\frac{3}{5}=$	$5\frac{1}{8}\times0=$	$1\frac{3}{4}+1=$
$6\times2\frac{2}{12}=$	$\frac{1}{3}+\frac{1}{4}=$	$\frac{7}{10}+\frac{2}{5}=$	$9\frac{1}{3}\times1=$
$\frac{7}{9}-\frac{2}{3}=$	$9-8\frac{3}{10}=$	$1\div\frac{2}{7}=$	$\frac{1}{3}-\frac{1}{4}=$
$\frac{2}{3}+\frac{1}{6}=$	$\frac{1}{6}-\frac{1}{7}=$	$1-\frac{3}{8}=$	$\frac{1}{2}\div3=$
$6\div\frac{7}{6}=$	$3\times\frac{3}{4}=$	$\frac{3}{4}-\frac{1}{4}=$	$\frac{1}{2}+\frac{2}{7}=$

第3章 "加法口诀"的实验研究

【简介】自古以来，只知有乘法口诀没有加法口诀。我为了调查小学生的口算能力，从1979年开始，在全国范围内进行调查测验，结果发现20以内加减法的计算速度不如表内乘除法。当时我就萌发了一个大胆的设想：能否有加法口诀？经过实验研究，我写成第一篇文章《要不要学生熟记加法口诀》发表在《小学数学教师》（1981年第4期）上，文中提出20句进位加法口诀的写法和读法。

此文发表后，围观者不少，响应者不多。中国人一向唯上唯书，由于课本上没有加法口诀，结果是涛声依旧。

30年后，也就是2011年，大家正在议论新课改的成败得失，提出中国的教学改革不能照搬西方教育理论和方法，应该重视继承和发展中国数学教育的优良传统，走中国化的道路。我想时机来了，重提这个问题会有一线希望。

我旧事重提，发表《再论要不要学生熟记加法口诀》《中小学数学（小学版）》（2011年第1期），在第一篇文章的基础上，进一步阐明为什么要求学生熟记加法口诀。它的理论根据是什么？怎样应用？实践效果怎么样？最后的结论是：熟记口诀是中国数学教育的优良传统之一，借助汉字一字一音的发音优点，读起来朗朗上口，这是中国儿童的计算能力优于外国儿童的重要原因之一。乘法既然能背诵乘法口诀，为什么加法就不可以背加法口诀呢？

这篇文章除了在刊物上发表，同时还在"邱学华尝试数学在线"网站上发布，引起许多教师和家长的关注，大家纷纷发表看法。这同20世纪80年代初发表第一篇文章时冷冷清清的局面截然不同。这使我受到鼓舞，看到了希望。网上的意见，有赞成的，也有怀疑的，更多的是提出问题的。当时我考虑，要使大家相信，并付诸实践，最好的办法是让大家去做教育实验。因此，我在 2015 年 9 月发表了第三篇文章。

《三论小学生要不要熟记加法口诀》，主要是回答大家的疑问和提出的问题。同时宣布成立"加法口诀研究共同体"，采用自愿的方式参加，进行对比实验研究，一个班按课本要求不用加法口诀，另一个班要求学生熟记加法口诀，其他如教学时数、教学进度、练习次数以及练习内容大致相同。此文同时在我的网站和博客上发表，结果前后有四五十所学校报名参加。这种借助互联网平台开展协作教育的实践研究，也是一种创新。以前，我搞小学生口算能力调查和口算量表协作研究，必须召开实验工作会议统一思想，统一具体操作方法，前后要发几百封信，费时、费力、费钱，十分辛苦。有了互联网后，通过网站、博客进行沟通，简便、快捷、高效。

为了统一测试题目和测试方法，我又写了第四篇文章《四论小学生要不要熟记加法口诀》，在《中小学数学（小学版）》（2016 年 1—2 月合刊）上发表。

"加法口诀研究共同体"的各实验学校，陆续送来了调查报告和实验研究报告，除去不合规范的部分学校材料，最后确定 36 所学校，91 名实验教师，4125 名学生正式参与，并纳入统计分析数据中。我综合分析各地的实验研究资料，写成《五论小学生要不要熟记加法口诀——加法口诀实验研究报告》，在《中小学数学（小学版）》（2017 年 1 月）上发表。它是"加法口诀研究共同体"的实验研究总结，也为我 50 多年来对"加法口诀"的研究画上了句号。

这项研究时间跨度长达 50 多年，既没有教育行政资源的支持，也没有研究经费，在广大教师的支持下，总算有了眉目，实在来之不易。可是，由于课本上没有加法口诀，尚不能登堂入室，未来如何，任重而道远。

一、要不要学生熟记加法口诀

加法口诀是指 20 以内进位加法。要不要学生熟记加法口诀，这个问题历来有争论。

目前一般学校只要求学生念加法表，不出加法口诀。例如：8+5=13，只要求读"八加五等于十三"，不出现"八五 13"的口诀。

要不要加法口诀？从一次全国范围的调查测验中我们可以看出一

些问题。

为了调查小学生的口算能力，1979 年下半年，我们在北京、上海、天津、江苏、黑龙江等 16 个省、市进行调查测验，结果发现：20 以内加减法的计算速度不如表内乘除法。统计见表 3-1：

表 3-1　小学生口算能力测验

口算内容	参加人次	平均成绩（5 分钟内做对题数）
20 以内加减法	7017	76.1
表内乘除法	7110	93.3
后者比前者速度快（%）		22.6%

这两类口算的得数都是一、二位数，书写的笔画还是表内乘除法稍多，另外表内乘除法的基本题要比 20 以内加减法多一倍以上。为什么后者的计算速度反而不如前者？这是一个值得深思的问题。

产生这种现象的主要原因是教学方法上的差异。表内乘除法用乘法口诀，学生能达到不假思索、脱口而出的程度；而 20 以内加减法，不出现口诀，熟练程度就不如表内乘除法。

熟记加法口诀会不会增加学生的负担呢？不会，因为加法口诀一共只有 20 句。

九二　11	八三　11	七四　11	六五　11
九三　12	八四　12	七五　12	两个六12
九四　13	八五　13	七六　13	
九五　14	八六　14	两个七14	
九六　15	八七　15		
九七　16	两个八16		
九八　17			
两个九18			

口诀中不读九九18，而读两个九18，既显示了加法的含义，又为以后

乘法口诀打下基础。虚线里面的 8 句比较困难，但花一点功夫，学生一生受用，不能说加重了负担。

熟记口诀会不会造成死记硬背？死记硬背是教学方法问题，不是口诀本身的问题。教师要在学生理解的基础上，指导学生熟记口诀，尽可能利用意义识记。有个一年级学生，他先记住"对子数"（如，两个九 18、两个八 16……），然后用推理方法推出其他一些口诀。如 8+9，先想两个八 16，再加 1，得数是 17。这样学生在熟记加法口诀的同时，又发展了记忆力和逻辑思维能力。

有人担心加法口诀会同乘法口诀混淆，其实不必担心。因为：（1）学完 20 以内加法，要隔半年才学表内乘法；（2）两者形式不同，加法口诀是大数在前小数在后（如九四 13），乘法口诀是小数在前大数在后（如四九 36）；（3）两者的得数相差甚大（如八六 14，六八 48）。实验班中很少有学生会将两者混淆。

《小学数学教师》1984 年第 4 期

二、再论要不要学生熟记加法口诀

早在 30 年前，我已发表《要不要熟记加法口诀》一文，提出让学生背加法口诀的观点。当时曾引起小学数学教育界的关注和争论。可是中国人一向是唯上唯书，由于课本不改，没有加法口诀，结果是涛声依旧。

30 年来，小学数学教材虽几经变革，但课本中只有乘法口诀，没有加法口诀。近年来正在讨论中国数学教育的优良传统是什么的问题，时机来了，重提这个问题可能会有一线希望。我写此文再表达我的观点，以引起大家的思考与讨论。

1. 提出熟记加法口诀的起因

1979—1980 年，我们在 16 个省、市、自治区对小学生口算能力进行调查，结果发现：20 以内加减法的计算速度不如表内乘除法。表内乘除法的速度超过 20 以内加减法 22.6%。按理说 20 以内加减法简单，计算结果大都是一位数，书写方便；而表内乘除法复杂，计算结果大都是两位数，书写也费时。为什么表内乘除法的计算速度反而要快 22.6% 呢？究其原因主要是表内乘除法用口诀，学生看到两个数相乘（除）能立即反应出结果，而 20 以内加减法没有口诀，学生看到两个数相加（减）必须在头脑里有一个思考过程，所以反应就慢了。

从笔算计算的错误分析中，我们也可以发现：学生乘除法一般不会算错，大都错在 20 以内加减法上。

2010 年，我们对小学生的口算能力再次进行调查，测试题和评分标准与 1980 年相同，结果见表 3–2：

表 3–2　2010 年小学生口算能力测验

口算内容	参加人数	平均成绩（5 分钟做对题数）
20 以内加减法	1717	49.1
表内乘除法	1581	74.8
后者比前者速度快（%）		52.3%

从上表可看出，虽然 2010 年与 1980 年相比，小学生口算能力有所下降，但是表内乘除法的计算速度大大超过 20 以内加减法的趋势没有改变，而且差距越来越大。其主要原因是表内乘除法有乘法口诀，下降幅度小，20 以内加减法不用加法口诀，下降幅度大。

实践是检验真理的唯一标准，事实证明：由于学生熟记乘法口诀，运用口诀计算乘除法，大大提高了计算速度。为什么计算加减法就不可以用口诀呢？

2.怎样运用加法口诀

我是在 1980 年前后对小学生口算能力的调查中，发现 20 以内加减法的计算速度大大慢于表内乘除法的，从中得到启示，才提出引进加法口诀的设想，并付诸实践，取得了意想不到的教学效果。

加法口诀局限在 20 以内进位加法，因为 20 以内不进位加法，由于数目小，一般掌握了数的组成分解，经过反复练习可达到熟练计算。20 以内进位加法口诀一共才 20 句。

应用口诀时看到两个数相加，不分前后都用同一句口诀，如：

8+6=　　6+8=　　都用同一句口诀：八六 14。

6+7=　　7+6=　　都用同一句口诀：七六 13。

今后在乘法中也采用同样的思路，看到两个数相乘，不分前后，都用同一句口诀，如：7×9 9×7 都用"七九 63"这句口诀。这样加法和乘法运用口诀都采取同样的思路，以减轻学生思维的负担。

利用加法口诀做 20 以内退位减法。根据实验研究结果，我主张先形成减法的概念，再用破十法说明 12−8=4 的道理，然后用加法口诀做减法：

12−8=4（八四 12）。

对刚入学的一年级学生来说，20 以内退位减法是个难题，用"破十法"的话，思维过程比较复杂，而用加法口诀做减法，想加做减，便会立即反应出计算结果，这就化难为易了。

这样把做加减法的思路同做乘除法的思路统一起来。用加法口诀做减法，想加做减；用乘法口诀做除法，想乘做除。所以说，熟记了加法口诀，大有用处，不但解决了进位加法的问题，连退位减法的难点也迎刃而解了，真是一箭双雕的好办法。

运用加法口诀在计算笔算加减法更显示出神通广大的作用。它既能够提高计算速度，又能防止错误的产生。我们用最难的连续进位加法和连续退位减法举例：

（1）进位加法的难点是学生往往会把进位数忘了。因为课本上采用的是"后加法"，也就是十位上两个数相加以后再加个位上的进位数，从而使进位的思维暂时停顿，容易把进位数遗忘，造成差错。为此，我们可以做小小的改变，把"后加法"改成"先加法"。

"先加法"是把进位数直接加到下一位的第一加数上，保持进位的思维连续性，也就不会把进位遗忘了。计算时再用加法口诀，就如虎添翼了。

```
  7 8 9    个位：九七 16，写 6 进 1；
+ 5 6 7    十位：先把进位数 1 加到 8 上成 9，九六 15，写 5 进 1；
  1 3 5 6  百位：先把进位数加到 7 上成 8，八五 13，写 13。
```

（2）笔算退位减法，原来的方法，思维过程比较复杂，如运用加法口诀，想加做减，就非常简捷。例如：

7 2 4　　个位：九五 14，写 5，前一位退 1；

−2 8 9　　十位：2 退 1 成 1，八三 11，前一位退 1；

4 3 5　　百位：7 退 1 成 6，6−2=4。

以后对于小数加减法、分数加减法以及中学数学运算中的数值计算，加法口诀都有用武之地。

3.熟记加法口诀的实验案例

早在 1961 年，我曾在华东师大附属小学做过对比教学实验，一个班不教加法口诀，一个班要熟记加法口诀，实验结果表明：要求熟记加法口诀的这个班教学效果更好。

1964 年，我又在上海市徐汇区建襄小学做过一次有趣的实验，对象是三年级学生，他们原来按照课本不教加法口诀，实验时用一周时间让学生熟记加法口诀后，学生 20 以内加减法的计算速度立即提高 32%。

2011 年四川省眉山师范附小参加完全国第二次小学生口算能力的调查测定后，接着做前后对比实验。选择一、二、三年级各 1 个班级，要求学生熟记加法口诀，一周后再进行测定。结果表明后者比前者速度提高 35.7% ～ 50%。详见表 3-3：

表 3-3　熟记加法口诀前、后的计算能力测定统计

年级	内容		人数	5 分钟平均做对题数
一	20 以内加减法	前	53	48.4
		后	53	67
		后者比前者提高 %		38.4%
二	100 以内加减法（1）	前	72	56
		后	72	76
		后者比前者提高 %		35.7%

年级	内容		人数	5分钟平均做对题数
三	100以内四则运算	前	63	36
		后	63	54
		后者比前者提高%		50%

四川省眉山师范附小　测试责任人：万照红　李志军　时间：2011年3月1日

这里再介绍一个发人深省的个例。1983年，我在江苏省常州师范学校任校长，有一位教师向我求教，他的孩子暑假后将要读一年级，问我孩子学数学要不要作些什么准备。我回答她不需要作什么准备，如果孩子有兴趣可以教他背加法口诀。这位教师带孩子散步时，像唱山歌一样每天教两句，20句加法口诀没有多久就会背了。开学后，孩子拿到新书特别兴奋，一口气把书上的计算题全部做完了。因为有了加法口诀，20以内加减法对这个孩子来说，真是小菜一碟。这个案例值得我们深思，应该重新考虑一年级教材内容的安排。

熟记口诀是中国数学教育的优良传统之一，借助于汉字一字一音的发音优点，背诵朗朗上口，这是中国儿童的计算能力优于外国儿童的重要原因之一。乘法既然可以背诵乘法口诀，为什么加法就不可以背加法口诀呢？最近看到报刊上介绍，现在英国要向中国学习，要求小学生背乘法口诀，可是英语中的数字发音，一字多音，背起来有点麻烦。

加法口诀只有20句，对低年级儿童来说不是难事。背会了不但能提高计算速度，防止差错，更重要的是一生受用，何乐而不为呢？加法口诀和乘法口诀好比鸟的两只翅膀，原来只有一只翅膀，现在有了两只翅膀才能飞得更高更远。

课本中要不要出现加法口诀，看来并非易事，教师可以先用起来。加法口诀无非是一种方法，一种手段，并没有更改教材体系和教学内容。教师在小学数学教学改革中作为一种尝试，指导学生背会加法口诀，使学生多学会一种本领，我想是没有错的。我期待着大家去尝试，并把实验的结果告诉我。

《中小学数学》（小学版）2011年1月

三、三论小学生要不要熟记加法口诀

我的《再论小学生要不要熟记加法口诀》在《中小学数学》（小学版）（后又发布在邱学华新浪博客上）上发表后，引起许多教师和家长的关注，他们纷纷发表看法，在"百度"输入这个标题可以搜索到二三百条相关留言，以下择要摘录：

"我按照邱老师的办法，要求学生背加法口诀，学生的计算速度立即提高了，非常神奇。"

"当然要背的，到初中、高中都要用到的，背了的话，算的速度也就快了。"

"背20句加法口诀，对学生不是难事，可背会了一生有用，就像乘法口诀一样。"

"我是一名一年级学生的家长。孩子的计算能力始终上不去，特别是进位加法是孩子容易卡住的地方。看了你的这篇文章，真是如获至宝。我教孩子背加法口诀，难点解决了，真是太棒了。"

"听君一席话，胜读十年书。在教育行业里，有您打先锋是我们这些晚辈的幸运，感谢一路上有您。"

感谢大家对我的支持和鼓励。为了回应大家的问题和提出成立"加法口诀研究共同体"的倡议。特写"三论"此文。

根据大家的提问，我把有关20以内进位加法的教学问题作进一步说明。

1. 什么是加法口诀

我在网上看到，有些人对什么是加法口诀有误解，把"20以内加法表""珠算加法口诀"当成加法口诀。

（1）20以内加法口诀表是把20以内加法算式排列成表，要求学生熟记，如：

9+1=10　8+1=9　7+1=8　6+1=7

9+2=11　8+2=10　7+2=9　6+2=8

9+3=12　　8+3=11　　7+3=10　　6+3=9

9+4=13　　8+4=12　　7+4=11　　6+4=10

9+5=14　　8+5=13　　7+5=12　　6+5=11

……………………

这种做法我国教材和国外教材中就有，题目太多，没有突出重点，又不容易背诵，一般收效不大。

（2）珠算加法口诀，如六上一去五进一、七上二去五进一、八上三去五进一……珠算加法口诀用在算盘拨珠运算中，现在采用三算结合的方式教珠算，已不用珠算加法口诀了，根本不需要教。

珠算口诀是古时候流传下来的，古算书上都有，但学生现在有口算、笔算作基础，基本上不用。

（3）加法口诀同乘法口诀一样，四字一句，读起来朗朗上口。加法口诀只限于 20 以内进位加法，一共才 20 句，熟记起来并不困难。

口诀写法，采用前面两个汉字是加数，后面阿拉伯数字表示和，如八六14，这样可以分清哪是加数，哪是和。最后一句不用九九18，而用两个九18，同乘法口诀统一起来。20 句加法口诀中已包括了 4 句乘法口诀，可以减轻以后熟记乘法口诀的负担。这种加法口诀，才是继承了中国数学教育的传统，才具有中国特色。

2. 一年级学生背加法口诀是否会增加负担

根据儿童年龄特点，4—6 岁的孩子机械记忆能力强，儿童能背唐诗三百首，已屡见不鲜。许多国学大师能背四书五经，其实都是在儿提时代背会的，至今不忘。趁小时候多背一点东西，一生受用。20 句加法口诀对小孩来说，真是小菜一碟。

何况，按照教科书编排，20 句加法口诀是逐步出现的：教 9 加几时，出现 8 句 9 的加法口诀；教 8 加几时，出现 6 句 8 的加法口诀；教 7 加几时，出现 4 句 7 的加法口诀；教 6 加几时，出现 2 句 6 的加法口诀。最后再汇总起来背 20 句口诀，前后时间长达一个多月。用一个多月的时间熟记 20 句加法口诀，应该是没有什么负担了吧。

3. 怎样熟记加法口诀

熟记加法口诀不能要求学生死记硬背，可以利用数的组成的知识来帮助记忆。例如，把6—9四个数分解成：6=5+1，7=5+2，8=5+3，9=5+4，计算的时候先要求学生思考分解的数，然后分别相加，很快就能算出结果。例如：

$7_2^5+8_3^5=15$　两个5得10，只要算2+3=5，因此结果是15。

$8_3^5+9_4^5=17$　两个5得10，只要算3+4=7，因此结果是17。

事实上这同算盘上的上珠和下珠关系是一致的，我们可以借助算盘的直观形象来帮助学生理解，先把7+8拨在算盘上，一看就知道结果了。

$7+8=15$　两颗上珠表示：5+5＝10
5颗下珠表示：2+3
看算盘就能得出结果是15

不用算盘可以用"双手助记法"帮忙。一只手表示一个数，大拇指表示5，其他四指各表示1。例如7+6，按照规定伸出双手，一看即知，7+6=13。经常练习后，学生看到算式，即在头脑中呈现双手的表象，借助表象，学生便可立即算出得数。一双手是一个简单的数学模型，这样可以促进左右脑协同活动。这同数手指头不同，数手指头是逐一计数，水平较低，而"双手助记法"属于按群计算了，达到高一级层次。

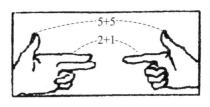

教学时，可采用学生一边动手，一边唱口诀的办法，效果更好。

4. 有哪些游戏方法可用于熟记加法口诀

常用的是扑克游戏。

游戏一：取一副扑克牌，拿走10、J、Q、K四种牌，把大王、小王看作零。两人游戏，洗牌后把牌放在中间，每人取2张牌，各自把2张牌的点数相加，如甲8、6，乙9、4，甲胜，把对方的牌吃掉。最后看谁的牌多，谁就是胜方。这种扑克游戏，取材方便，易学易用，学生喜欢。

游戏二：取一副扑克牌，把J、Q、K当作11、12、13，大王、小王当作零。可 2 人、3 人或 4 人玩。每人依次发 3 张牌。各人先从自己的 3 张牌中挑出 2 张牌，这 2 张牌的点数之和，不得小于 15。剩下的 1 张牌，以牌面点数大者胜。假如自己的 3 张牌中，无论怎么组合都不能用 2 张牌求得不小于 15 的和，视为"死牌"，提前出局。胜者统吃他人的牌，最后看谁的牌多，谁就是"王者"。

5. 何时能摆脱加法口诀，熟练计算

学生计算 20 以内进位加法大致有四种水平：（1）数数法，表现为数手指头；（2）凑十法，如 8+5=8+2+3=15；（3）口诀法，利用加法口诀直接计算，如八五 13；（4）自动反应，看到 8、5，自动反应得数是 13，不需要借助八五 13 这句口诀。所以口诀仅是拐棍，熟练后可以摆脱口诀自动反应出得数。真可谓"此时无诀胜有诀"了。教师要不失时机，帮助学生从第三种水平向第四种水平发展。训练时，教师拿出 2 张（8、5）卡片，一闪而过，要求学生立即说出得数 13，然后闪烁的速度越来越快，容不得学生再想口诀，促使学生逐步摆脱口诀。

6. 怎样测定学生的口算能力

口算能力高低主要的指标有两个：一是正确，二是速度。对大多数学生来说，速度不是越快越好，总有一定的限度。因此最好有一把尺子量一量，达标了，可以减少训练时间，把时间用于其他方面；如没有达标，要继续加强训练。所以在 20 世纪 80 年代初，我联合全国各地的教研室和学校，有 16 个省、市、自治区，40 多个单位参加的联合研究组，开展"口算量表"的研究，受测学生达 72000 多人次。通过大量的调查研究数据，制定出 11 张口算量表。以 5 分钟做对的题数作为指标，每张量表有两个标准，一是及格标准，二是优秀标准。如 20 以内加减法量表，5 分钟做对的题数，及格标准是 60 题，优秀标准是 80 题。这个标准是根据当时中国小学生口算能力制定的，现在看来要求较高，各地可根据实际情况上下调整。

我一向主张少发议论，多搞教育实验。空谈不如行动，事实胜于雄辩。"小学生要背加法口诀"，我也是通过教育实验得出的结论，而且还有许多个案得到印证。可是许多人还是不相信。在中国教育界有个奇怪的现象：外国

人讲一句话，大家会顶礼膜拜；中国人讲一句话，总是抱有怀疑态度。

今年（指的是 2015 年），我已 81 岁了，搞小学数学的教学与研究已有 64 年了，荣誉和地位都已经有了，还想什么呢？我就想中国的小学数学教育能够走向世界，让全世界孩子受益。我认为，在文化教育上，目前中国有两件宝贝能够而且已经开始走向世界：一件是国学，五千年灿烂的中华文明吸引着全世界，世界各地像雨后春笋般成立"孔子学院"，这已经得到明证；一件是中国小学数学，因为小学数学的教材体系、教学内容以及数学符号，世界各国差别不大，所以容易被外国人接受。英、美等发达国家都相继派人到中国考察数学教育，英国准备引进中国的数学教师、数学练习册以及乘法口诀，已经令国人惊喜。

中国小学生计算能力高，主要得益于中国有乘法口诀。这个结论已经得到国际公认。由此，英国人要引进乘法口诀。有乘法口诀，再加上加法口诀，不是如虎添翼了吗？

《中小学数学（小学版）》2015 年 9 月

四、四论小学生要不要熟记加法口诀

《三论小学生要不要背加法口诀》在《中小学数学（小学版）》（2015 年 9 月）发表后，反响很大。我在文中提出成立"加法口诀研究共同体"，不少教师纷纷通过电话、邮箱报名参加，我既高兴又敬佩。

高兴的是，我的建议得到了大家的认可和响应；敬佩的是，这批人的可贵精神。参加这个研究共同体，没有什么功利可言，不可能同升职加薪挂钩，也不可能有奖金，说不定还要承担一定的风险。请允许我向这群英雄表达敬意。

这项实验研究比较简单，在一年级教 20 以内进位加法和退位减法时，运用加法口诀。加法口诀才 20 句，在《两论小学生要不要背加法口诀》一文中已列出。小学生背 20 句加法口诀，真是小菜一碟，可是背会了这 20 句加法口诀，计算速度就会大大提高，终身受益。例如，8+5=13（想：八五 13），13–5=8（想：八五 13），有了加法口诀，能简化思维步骤，提高计算速度和正确率。

加法口诀同乘法口诀一样，也是一种拐棍，一种计算的辅助手段，不涉及课程设置、教材体系及教材安排。因此，这项实验简单易行，应该说并无风险。

有条件的学校可以采用对比实验法，一部分班级用加法口诀，一部分班级不用加法口诀，其他都一样，包括教学进度、教学时数、练习次数等。最后用同一张量表进行测定，根据测定的科学数据，作出小学生要不要背加法口诀的结论。

量表采用我在 20 世纪 80 年代研究制定的"20 以内加减法"量表，这套量表保留有当时小学生计算能力的数据，便于进行前后对比的研究。

《中小学数学（小学版）》2016 年 1—2 月合刊

五、五论小学生要不要熟记加法口诀
——"加法口诀"实验研究报告

1. 实验研究的起因和背景

20 世纪 80 年代初，我进行了口算能力的调查研究，从统计数据分析中发现一个奇怪的现象：学生 20 以内加减法的计算速度不如表内乘除法。

从笔算乘除法的计算错误分析中也可以发现，学生乘法口诀一般不会记错，大多错在 20 以内的加减法上。

这是什么道理呢？其主要原因在于学生熟记了乘法口诀，反应快，正确率高；而 20 以内加减法，学生并没有学习加法口诀。

我写文章不断呼吁小学生要背加法口诀，从"一论"一直写到"四论"，可是课本上并没有加法口诀，所以始终没有引起大家的重视。

当前的形势，出现了转机，将有利于"加法口诀"的研究与推广，基于以下两点：

第一，新课改十多年来，使大家逐渐认识培养小学生计算能力的重要性，计算能力是一个人数学素养的重要组成部分。以前，谁提"强化计算训练"就会被扣上"把学生培养成计算器"的帽子，谁要学生"背口诀、公式，熟记结论"就会被扣上"搞死记硬背"的帽子，这种理论上的混乱，实践上的无理干涉的现象，已逐步得到纠正。

第二，随着中国国力的增强，国际地位迅速提高，已成为世界大国。因而中国小学数学教育的经验，越来越受到国际社会的重视。中国小学数学教育必须走中国化的道路，逐渐成为大家的共识。乘法口诀是中国数学的瑰宝，如果再有加法口诀，就如虎添翼，可造福于全世界的儿童。把加法口诀的研究和推广提高到中国小学数学教育走中国化的道路这个高度，就会感到更有意义。

2.实验研究的方法与过程

这个课题，我在50多年前就提出来了，已进行了小范围的对比实验研究，也有了初步的结论，但由于条件所限，样本太小，也缺乏完整的数据，所以说服力不强。

为了更具科学性和权威性，应进行一次较大范围的实验研究。实验学校的选定，以尝试教学实验学校为主，并通过媒体、网络自愿报名参加，成立了"加法口诀研究共同体"。最初有64所学校报名，但由于没有研究经费，无法让各校派人参加实验工作会议和培训实验教师，致使一些学校联系中断了。我身边没有助手，靠我一人主持联系，受条件、时间、精力和经费制约，后来全程参与的只有36所学校、91名教师和4125名学生。

这36所全程参与的学校，由于没有集中培训实验教师，大部分学校实验要求不统一，实验数据不完整。为了保证科学性，他们的实验数据只能割舍，不能引入统计范围。为了实验的科学性和权威性，真正引入统计范围的只有10所学校，如四川省眉山师范附小、江苏省江阴市英桥国际学校、河南省罗山县东铺中心小学和楠杆中心小学、黑龙江省鸡西市园丁小学、山东省宁阳县实验小学、辽宁省沈阳市皇姑区陵西小学、山东省曹县第一实验小学、河南省开封市祥符区实验小学等。这10所学校横跨六省，既有城市学校又有农村学校，具有一定的代表性。而且这些学校都是尝试教学实验的学校，师资力量较强，有一定的教育实践经验。

实验班级选用一年级和三年级。

一年级实验班在教20以内进位加法时，结合教加法口诀，强调运用加法口诀进行计算，单元结束时，进行综合训练，要求学生完整地背加法口诀。在教 20 以内退位减法时，要求学生用加法口诀做减法（想加做减）。20 以内退位减法教学结束，对 20 以内加减法进行综合训练，并进行测定。另外，再选择一部分班级作为普通班，除了不教加法口诀外，其他同实验班一样，包括教学进度、教学时数、练习次数等。最后用同一张口算量表进行测定。

全国统一用两张 20 以内加减法口算量表（A 卷、B 卷），难易程度相同，每张量表有 12 组，每组 10 题，共计 120 题。

三年级组的学生在一年级学习 20 以内加减法时，都没有教加法口诀。选择一部分班级作为实验班，其他班级作为普通班。在实验前，对全部三年级学生，利用 20 以内加减法口算量表进行预测，以了解原来的基础情况。实验班利用 1 节课时间介绍加法口诀和熟记加法口诀的方法，课后让学生利用课外时间自己练习。普通班按常规进行教学。一周后，对实验班和普通班同时进行两次测定：一是 20 以内加减法，二是一位数乘两位数。以此探明加法口诀对后继学习乘法的影响。

3. 实验研究结果与分析

一年级组实验研究的结果与分析，详见表 3-4：

表 3-4　一年级组 20 以内加减法测定统计表

实验对象	参加人数	20 以内加法	20 以内减法	20 以内加减法
普通班	843	50.6	42.1	48.6
实验班	826	70.8	68.2	72.8
后者比前者快		39.9%	61.9%	49.7%

分析：

（1）表中的数据是 5 分钟做对的题数，错题不算，因此这个数据既表示计算速度，也包含正确率的因素。

（2）实验班学生由于有了加法口诀，计算能力大大超过普通班，计算速度提高 50% 左右，呈现极显著的差异度。20 以内加法的计算速度提高 39.9%，原因在于有了口诀，可以减轻学生思维负担，直接说出计算结果，很快能达到脱口而出的程度。想象一下，如果没有乘法口诀，中国孩子计算乘法能有这么快吗？难怪外国小朋友见到 7×8 都当成难题了，非得按电子计算器，而中国小朋友想"七八 56"这句口诀，计算结果就出来了。

（3）原来 20 以内退位，学生一般采用破十法，13–8=？，思考过程是先用 10–8=2，然后 3+2=5，一会儿做减，一会儿又要做加，思维过程复杂，容易混淆，对于只有 6 岁多的儿童来说，是有困难的，在四则计算中为什么减法错误率高，就是这个道理。如果用加法口诀做减法，思维过程就简单、直接明了，15–8=7（想"八七 15"）。

从统计表中可看出，普通班做减法比做加法少做 8.5 题，而实验班仅相差 2.6 题，没有太大差异，因为用加法口诀做减法同做加法的思维过程是一致的。所以，实验班做 20 以内退位减法比普通班竟快 61.9%，差距十分明显。不比不知道，一比吓一跳。

（4）《数学课程标准（2011 年版）》的评价建议中对各种计算内容有具体要求，"20 以内加减法和表内乘除法口算"每分钟 8—10 题，折合成 5 分钟就是 40—50 题。同这次我们所作的调查研究结果相比，普通班的数据相差不大。从全国范围来看，课程标准所提出的要求是基本合理的。但要说明的是，我们的是一年级学生，而课程标准中提出的要求是在三年级达到的。一年级学生书写慢，会影响计算速度。

三年级组实验研究的结果与分析：

三年级都没有学过加法口诀，在实验前用 20 以内加减法口算量表测定，然后在实验班补教加法口诀，并用两周时间课外自己进行练习，普通班按常规教学，最后再测定一次。测定数据见表 3–5：

表 3–5　三年级组 20 以内加减法测定统计表

实验对象	参加人数	实验前	实验后	前后提高 %
普通班	256 人	65.5	68.7	4.9%
实验班	243 人	64.8	89.3	37.8%
后者比前者快		–2.1%	30%	

分析：

（1）从统计表中可看出，实验前普通班和实验班对 20 以内加减法的计算速度基本相同，都是 65 题左右，普通班还略快些。实验班补教了加法口诀后，情况有了急剧的变化，迅速拉开差距，比普通班快 30%，有力证明了加法口诀的重要作用。

（2）经过两周时间的练习，实验班学生 20 以内加减法的计算能力有大幅度的提高，高达 37.8%，而普通班提高不明显。

（3）从统计表中可看出，一般三年级学生一分钟内做对题数能达到 60 题左右，而课程标准中提出的 40—50 题的要求可能偏低一些。

三年级组一位数乘法的测验结果见表 3-6：

表 3-6　三年级组一位数乘法的测定统计表

	参加人数	实验前	实验后	前后提高 %
普通班	236 人	35.6	37.2	4.4%
实验班	243 人	36.2	45.7	26.2%
后者比前者快		1.7%	22.8%	

分析：

（1）测定的试题，包括一位数乘两位数，如 78×7、26×3 等。

测定时间是 5 分钟，表中数据是做对的题数。

（2）从统计数据上看，实验前普通班和实验班对一位数乘法的计算速度基本相同，都在 35 题左右。实验后，学生熟记了加法口诀，提高了一位数乘法的计算速度和正确率。

（3）为什么加法口诀对一位数乘法有促进作用，主要原因在于一位数乘法计算过程中要遇到 20 以内加法，例如：

$78 \times 7 = 546$

第一步是 $8 \times 7 = 56$（写 6 进 5）；

第二步是 $7 \times 7 = 49$；

第三步是 $49 + 5 = 54$；

第四步是 $9 + 5 = 14$（学生大都错在这一步）；

第五步是 40+14=54。

如果有了加法口诀，九五 14，学生很快就从这一步正确地跳到下一步，保持了计算的连续性，思维也不会中断。

个案分析：

教育实验中的个案研究是极为重要的，可以更真切地暴露事物的本质，发现儿童学习数学的规律。以下介绍我亲身经历的个案：

2016 年暑假，一位朋友要我辅导他的孩子学数学。这个孩子暑假后读五年级，解题能力不错，问题在于计算不熟练。我先用"20 以内加减法""一位数乘法"两张量表进行测定，从错误分析中看出，他问题的根源在于 20 以内进位加法不熟练，不会想加做减。我就教他背 20 句加法口诀，学会想加做减，然后让他自己练习。隔天我再指导他练习，最后用前面测定的两种量表（B 卷前后顺序有调整）测验，结果仅一天时间，该生有了明显提高，真是达到了立竿见影的效果。

测定结果见表 3-7：

表 3-7　个案实验前后对比分析

	20 以内加减法	一位数乘法
实验前	64	33
实验后	80	42
提高 %	25%	27.3%

4. 实验研究的价值与建议

（1）这项研究已有 50 多年，经过长时间的深思熟虑及不断研究，不断提高认识。这次再经过大面积的实验研究，应该可以得出一个科学的结论。

（2）经过大面积实验研究，通过统计数据验证得出的结论是：小学生熟记加法口诀，能够有效地提高学生的计算能力和学生的数学素养。

（3）小学生的记忆力正处于上升期，熟记 20 句加法口诀并没有困难，不会加重学生负担。一年级学生在学习 20 以内加减法时，随着教学进度逐步学会和应用加法口诀。其他年级学生花一小时，就能基本学会加法口诀。

（4）加法口诀只有20句，对低年级学生来说不是难事。背会了不但能提高计算速度，还能防止差错，更重要的是能够受用一生。

（5）口诀教学是中国数学教育的优良传统之一，利用中国汉字一字一音的特点，把计算结果和公式结论编成口诀，读起来朗朗上口，好记好用。其实在中国民间，早就有加法口诀，把加法口诀引进小学数学教材更能体现中国特色。

（6）加法口诀的引进，有利于建立中国式的计算教学体系。借助于乘法口诀，促进想乘做除，借助于加法口诀，促进想加做减，这样把做减法和除法的思维方式统一起来，促进学生逆向思维的发展。这样使小学数学教材更具中国特色。

（7）加法口诀正式引进小学数学教材还需要一个过程，我们不能等待，可以先行动起来。加法口诀仅是一种拐棍，一种计算的辅助手段，不涉及课程设置、教材体系及教材安排。用的人多了，大家就习惯了，这时把它引进教材就顺理成章了。

《中小学数学（小学版）》2017 年 1 月

第4章 珠算教学的实验研究

【简介】我从华东师范大学教育系留校任教后，在沈百英教授的影响和指导下，对珠算教学产生了兴趣，认识了珠算教育界前辈华印椿、余介石、陈梓北等先生。我以华东师大附小为实验基地，对珠算的教材编排、珠算口诀读写法、拨珠方法等方面进行全方位的实验研究，研究结果写成《改进珠算教学的几点意见》一文，刊发在《江苏教育》上（1961年第5期），编辑部还写了编者按，推荐此文。此文的发表在小学数学教育界和珠算教育界引起较大的反响。本文首次提出"把口算、笔算、珠算密切结合起来"的构想，为20世纪70年代风行全国的"三算结合教学"奠定了理论基础。

上述研究，是我从华东师范大学毕业后进行的首个研究课题，在取得成功的鼓舞下，我继续从心理学的角度对珠算运算熟练进行实验研究，试图填补我国在珠算心理学方面的研究空白。写成论文《儿童形成珠算运算熟练的研究》，我大胆投寄给我国心理学方面的权威杂志《心理学报》，十分意外，该刊在1962年第5期发表此文。此时我仅是毕业一年多的小助教，能够在中国心理学界的权威刊物上发表论文，实属不易。此事受到校方和教育系领导的关注，使我坚定走理论联系实际道路的信心。此文为进一步深入珠算教学改革和今后的三算结合教学的实验研究提供了理论依据。

"文革"中，我全身心地投入三算结合教学研究，积累了大量的实验材料。依此，上升到心理学理论进行分析，写成论文《珠算心理学中的几个问题》。此文正式提出建立"珠算心理学"的构想，完整地提出"珠算的教育功能"的观点，为推动在我国建立珠算心理学起到一定的作用。也为在现代化科技条件下，小学生为什么还要学珠算，提供了理论和实践上的依据。

此文1978年在秦皇岛举行的全国珠算学会成立大会暨第一届学术年会上正式发表。1980年2月在北京师范大学教育系编印的《小学教学》（第4期）刊出，后译成日文在日本《珠算春秋》上发表。为了避免重复，《心理学报》上的文章，没有编入文集，仅编入"珠算心理学中的几个问题"，对当下讨论小学数学教材要不要引进珠算，有重要的参考价值。

一、改进珠算教学的几点意见

为了适应实际的需要，小学的算术教学，应当在教好笔算的同时，使学生掌握一定的珠算技能，所以改进珠算教学，提高珠算教学的质量，是值得我们重视和研究的问题。现在我根据前一时期在一些学校所作的调查研究和教学实验的材料，就珠算的教材编排、教学方法等问题，提几点意见，供大家参考。

1. 教材编排问题

过去珠算教材与算术教材分了家，自成一个系统，珠算课与算术课分开上，在实际教学中感到有些不便的地方。我们认为，如果根据珠算与笔算两种计算方法的内在联系，使珠算教材成为算术教材中的一个组成部分，珠算课与算术课合二为一，把口算、笔算、珠算密切结合起来，这对学习笔算和珠算都有好处。

（我在 20 世纪 60 年代初，已经提出"把口算、笔算、珠算密切结合起来"的观点，为 70 年代开展三算结合教学的实验研究，作好了理论准备。）

珠算教材和算术教材如何结合起来编排，这是一个值得讨论的问题。我们认为，大致可以按照如下的顺序安排：结合多位数的认识，教算盘的认识以及记数法和读数法。这样，既教会了学生珠算的记数法和读数法，习惯在算盘上记数和读数，又可以把算盘当作计算器，用来巩固学生对多位数的认识。在多位数加法后面教珠算加法，多位数减法后面教珠算减法，多位数乘法后面教珠算乘法，多位数除法后面教珠算除法。在小学里应该把加、减、乘三种方法学好，至于珠算除法，要求可以低一些，只要求学生了解初步的计算方法即可。这样的编排，使珠算与笔算密切联系起来，结合多位数认识和四则运算这一单元，采用小集中的办法使学生掌握珠算的基本算法，以后结合算术教材再继续学习和运用珠算。例如教小数四则运算，就结合教珠算的小数计算方法；教百分数，就结合教珠算的百分数计算方法。采用集中与分散相结合的编排方法，既有利于学生掌握珠算方法，又能做到经常运用，达到熟练巩固的目的。教材编排这样改革后，算术老师自己教珠算，为口算、笔算与珠算的结合，在教学上创造了有利条件。

在教材的具体组织方面，珠算加法和减法的教学顺序，一般有两种：一种是根据加数或减数的大小顺序依次编排的。例如加1、加2、加3……，减1、减2、减3……（简称横排法）。另一种是根据口诀组成的规律，集中归类编排的。例如，加法口诀就分为直接加的、满五的、满十的、满十破五这四类依次编排；减法口诀就分为直接减的、破五的、破十这三类依次编排（简称直排法）。过去小学珠算课本采取的是横排法。这两种编排方法，各有优点，也各有缺点。从学生记忆口诀来说，直排好，因为直排是根据口诀组成的规律排列的，学生容易熟记口诀。从运用口诀的情况来看，横排好，因为计算时是从加数（或减数）出发选用口诀的。例如要加上4，就从加4的三句口诀中选用一句。从教学方面分析，直排法能缩短口诀教学的时数，增加练习的时间，可是横排法能和实际运用密切结合起来。因此，应当把两种方法统一起来，取长补短。根据儿童的年龄特点和计算过程中的思维规律，教材基本上采取横排的形式，但是在口诀教学的方法上吸取直排法的优点。用横排法使学生掌握口诀，再分阶段把教过的口诀根据组成的规律进行归类整理，便于学生熟记口诀。

珠算乘法口诀与乘法小九九口诀相同，学生掌握口诀根本没有问题，困难在于定位。珠算除法可以只安排除数是一位数的除法。

珠算应用题的练习，我们认为应该根据实际需要来编排。例如，在实际生活中计算会计账目，要用到珠算，因此结合珠算教学可以教一般的日记账。日记账是一般会计账目的基础，学生应当懂得这方面知识。这样既充分发挥珠算计算的特点，又学到实际用处很大的日记账知识。另外还要适当安排食堂账目、劳动工分账目、开商店发票等计算题目。

其次，在简单统计工作中也需要经常运用珠算。因此应当把统计学校的绿化数、劳动生产数以及农作物的产量增长数、灌溉田面积数等作为应用题内容。还应该把祖国工农业生产发展数列成统计表格，让儿童计算。例如把新中国成立以来，历年的钢、煤、粮、棉的产量列成统计表格，指导学生计算。

根据以上这些内容编排应用题，有三大优点：（1）能密切联系实际，使学生学习与实际运用结合起来，能调动学生学习珠算的积极性。（2）充分发挥珠算计算的特点，有利于珠算熟练技巧的培养。（3）能有机地进行思想政治教育，加强珠算教学中的思想政治教育工作。

2. 口诀教学问题

珠算教学的主要目的，在于培养儿童的珠算熟练技巧，借助算盘这一计算工具，正确迅速地解决生产劳动和日常生活中的实际计算问题。过去有些学校教学珠算，把大部分的精力花费在教口诀上，学生背口诀、写口诀，教师教口诀、批改口诀，其结果往往是学生只死记口诀，而不能熟练运用。口诀教学是很重要的，口诀是用来指导拨珠的，正确熟练地掌握口诀，才能使计算正确、迅速。但是掌握口诀不是教学的最终目的，口诀仅仅作为一种"拐棍"，是熟练掌握珠算技巧的工具，是为形成珠算熟练技巧服务的。当然，如果片面强调"熟能生巧"而忽视口诀教学或者主张不教口诀，用成人速成学习珠算的办法教儿童，这些也是不妥当的。

关于珠算口诀教学，我们对口诀的读法、写法和教法都进行了一些改革的实验。

加法口诀由加数和拨珠动作两部分组成。有些儿童对口诀中的加数与拨珠动作往往混淆不清。比如他们会把"一下五去四"这句口诀读成"一下——五去——四"，这样就容易造成拨珠错误。这种现象的发生，跟口诀的写法和读法有关系，因为口诀都用汉字书写，儿童难以区别哪是加数，哪是拨珠动作。我们根据学生心理特点，改变口诀的写法、读法。加数用阿拉伯数字，拨珠动作用汉字，并在两个拨珠动作之间点上标点符号。例如，把"一下五去四"改写成"一，下五，去四"。初读口诀时，读到逗号的地方要稍停顿一下，并且还可以把加数读成轻音，拨珠动作读成重音。这样使学生清楚地看出，哪是加数，哪是拨珠动作。这样就把口诀的含义明确地表露出来了。

熟记口诀的关键，在于使儿童理解口诀组成的道理。过去有人先教学生记熟口诀，然后再进行拨珠，这种方法是不对的。口诀的引出，要密切与拨珠动作配合起来。口诀教学的过程大致可以这样：要从拨珠的实践入手，先让儿童"试打"，从试打中得出拨珠动作，再根据拨珠动作编出口诀；得出口诀以后，再用口诀指导拨珠。这样学生才能真正理解口诀组成的道理，即使暂时忘记了口诀，也能自己"摸"出拨珠动作，再根据拨珠动作迅速回忆出口诀。

过去教口诀是选择专门的例题，这样太呆板，我们可以采用另外一种办法：从连续加几或连续减几的过程中得出口诀。例如，教减3，就教学生从29里连续减3，先让他们自己"摸"，教师引导学生根据拨珠动作编出口诀，这样很容易从连续减3的过程中得出减3的三句口诀。这种教法的优点在于使学生能在实际计算中，编出口诀以解决遇到的困难。这样，有利于学生透彻地理解口诀，牢固地掌握口诀。

3.拨珠方法教学问题

熟记了口诀不一定会打算盘，正如能看懂钢琴曲谱不一定会弹钢琴一样。拨珠动作的熟练技巧，一定要经过不断练习才能形成。过去，我们教学珠算，仅仅在教珠算记数法时讲一下"三指拨珠法"，至于以后如何培养学生的拨珠熟练技巧却没有给予足够的重视。

正确的拨珠方法是三指分工，但儿童对三指分工拨珠感到困难。我们在实地观察中，发现儿童用中指拨珠最困难，大多数学生都用食指代替中指。又发现拨珠过程中，换指特别困难，往往是第一个动作用那一个手指，第二个动作跟着也用这个手指，因此也有一部分学生惯用一个手指拨珠。针对这种情况，在指导拨珠时，特别要注意中指和换指的动作。

开始教学珠算，就要重视拨珠动作的指导，提出严格的要求。如果不及时纠正学生错误的拨珠动作，等到形成了习惯，以后就很难纠正过来。

为了使学生能够掌握正确的拨珠方法，每堂珠算课开始的3分钟到5分钟可以用来专门练习拨珠，好像体育课上课开始时做准备动作一样。拨珠练习可以设计几套固定的动作，包括各种拨珠动作，称为拨珠操，可让儿童反复练习。有时也可以采用游戏比赛的方法进行练习，以提高学生的兴趣。例如，"连续加一"，在1分钟时间内看谁加得最多。

儿童要想形成三指拨珠的熟练技巧，需要坚持不断地练习。开始时，不要求快，要求正确，以后逐步加快速度。有时学生用二指拨珠，往往是不自觉的。因此，一方面要加强教育，启发他们的学习自觉性；一方面要加强督促检查。教师一个人很难顾及全班学生，可以要求同桌的学生相互督促纠正。

4.珠算熟练技巧的培养问题

形成珠算熟练技巧，包含两个重要的因素：拨珠动作的熟练和口诀的熟练。两者之间是相互联系的，如果其中有一个因素还没有达到熟练程度，就不可能形成珠算熟练技巧。过去教学中，教师仅仅抓住了"口诀熟练的培养"，而放松了拨珠动作熟练的培养，更没有把两者统一起来，形成珠算熟练技巧。

在计算练习的过程中，才能把口诀与拨珠动作统一起来。用正确的口诀指导拨珠以及熟练的拨珠动作，才使计算迅速、正确。因此形成熟练技巧的关键在于大量的计算练习。过去珠算课堂教学，大部分时间花费在口诀教学上，真正练习的机会很少，甚至一堂课结束了，学生连算盘的边都没有摸到。我们认为，一堂课起码有 1/3—1/2 的时间在算盘上练习，做到"珠声满堂响，好似雨打小窗上"，真正呈现珠算课的特点。

计算题目时要不要写口诀？我们认为，一般不要写。因为写口诀有三个缺点：（1）书写口诀耗费时间，影响拨珠计算练习；（2）一边拨珠，一边写口诀，计算速度受到限制；（3）一边拨珠，一边写口诀，会打扰学生的逻辑思维，反而容易产生错误。我们主张，练习时一边读口诀一边拨珠，使口诀与拨珠动作紧密地联系起来。如果说写口诀可以防止学生用笔算代替珠算，这也是消极的形式主义做法。积极的做法应是一方面加强对学生的思想教育，另一方面增加计算题目，多采用多位数、多个数的运算以及日记账、统计表格的计算，使这些题目用笔算反而麻烦。我们这样做，教学效果很好。学生计算熟练后，不但不用笔算代替珠算，反而把笔算题用珠算计算。这样做，教师、学生"皆大欢喜"。

练习的方式要求多样化。我们采用的练习方式，主要有以下几种：

（1）一题多练。一个题目连续打几遍。同一题目重复练习，有助于熟练技巧的形成，同时也培养学生认真负责的良好习惯。一般要求打两遍，如果两次结果相同，证明计算是正确的，假如结果不同，再打第三遍。

（2）口诀卡片计算。学生根据教师依次揭示的口诀卡片进行拨珠运算。例如，依次出现的口诀卡片是：3上三，4下五去一，4去六进一，就是3+4+4=11。这种练习，学生能够把口诀与拨珠动作统一起来。

（3）数字卡片计算。在卡片上写上各种数位的数目，教师连续揭开卡片，学生根据卡片上的数目计算，最后把结果口报或写在练习簿上。揭开卡片的速度，随着学生珠算计算能力的提高，可以越来越快。

（4）口报数目计算。学生根据教师口报的数目计算，口报的速度逐步加快，能促使学生提高计算速度。

（5）填表计算。这种练习，一张表就包含许多计算题目，对培养熟练技巧的作用很大。题目形式如下：

计算下表里各竖行和横行各数的和，并且填在适当的空格里。

表4-1　练习题

1253	348	406	926	
674	65	7123	1289	
358	7263	468	302	
2967	2030	934	4088	

（6）制表计算。在日常生活中经常要查表来计算，教学中应指导学生用珠算计算自己制表。例如制各种数位的乘法表、平方表、立方表、商品价目表等。

（7）结合日记账、简单统计表格计算。

（8）利用游戏计算比赛。珠算游戏方法很多，大家熟悉的有"堆金山""九变九""三回头""垛子九"等。

总之，采用多种多样的练习方式，在课堂上进行大量练习，可以加速学生珠算熟练技巧的形成。

为了促使学生提高计算速度，评分标准应该包含两个因素：正确和迅速。获得好的成绩，一定要计算正确，速度快。测验时，可以提出时间评分标准。有些珠算游戏也可以提出时间标准，例如"堆金山"以1加到100，优良成绩的标准是 6 分钟。

根据观察材料证明，形成熟练技巧后，逐渐可以脱离口诀计算。儿童不需要借助口诀的帮助，就能熟练地拨珠计算，达到自动化程度。就像成人打算盘时不需要念出口诀一样，那时就不需要强调读出口诀，可以丢掉口诀这一"拐棍"了。

珠算熟练技巧初步形成后，必须结合笔算，经常练习运用，使熟练程度不断提高。尤其要引导他们在生活实际中运用珠算，使他们真正熟练并牢固地掌握算盘这一计算工具。

《江苏教育》1961 年 5 月

二、珠算心理学中的几个问题

珠算心理学是教育心理学的一个分支，是一门新兴的学科。它在我国和日本正在逐步创建起来。

早在 20 世纪 30 年代，我国心理学家曹日昌先生等就对珠算教学进行了系统的研究。新中国成立后，我国心理学和数学工作者曾进行了一些有关珠算心理学的实验研究，特别是从 1967 年到 1977 年，在全国范围内开展的三算结合教学的实验中，对珠算的教育功能进行了多方面的实验研究。当时，北京师范大学、上海师范大学、杭州大学、南京师范学院等高等院校的心理学工作者和教学法工作者都参加了这项教育实验研究，其规模是空前的，在科学研究史上也是少有的。这对我国的珠算心理学建设与发展具有极其重要的意义。

三算结合教学实验，为珠算心理学提供了丰富的宝贵的实验资料。以下试图以这些实验资料来阐明珠算心理学中的几个问题。

1. 算盘在儿童形成数概念过程中的作用

7

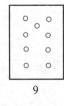
9

根据国内外教育心理学的研究，儿童形成数的概念都是从点数实物开始的，头脑里只有同实物联系的具体的数，然后逐步形成抽象的数的概念。所以，在教学中必须依赖许多实物教具，如小棒、手指头、实物模型等。但是，这些实物教具有两个局限性：一是太具体，二是具有离散性。一定要通过点数才能知道实物的总数，影响了儿童从实物形象向抽象的数的概念的过渡，心理学家和教学法家经过教学实践设计了一种教具——点子图，用它作为从实物的形象过渡到抽象的数概念之间的中间桥梁。点子图比实物抽象，又比数字具体，同时，点子图具有数群的表象，不需点数就能知道点子的总数。但是点子图仍有局限性，它不能表示数位，只适合表达 10 以内的数。另外，它同其他实物教具一样，儿童看得见摸不着，只有视觉分析器官参与活动。

三算结合教学的实验表明，在儿童形成数的概念的过程中，算盘能够起到极其重要的作用，是一个比较理想的教具和学具。

算盘具有既具体又抽象的特点，用算盘珠表示数目，比数字具体，但又比实物抽象。例如，认识"4"，先出现四支铅笔、四本书、四架飞机、四个人的图画形象，然后引导学生拨入四颗下珠表示，最后教学生认识数字"4"。这样，算盘能起到从具体到抽象的桥梁作用，同时，在培养儿童"撇开对象的其他一切特性而仅仅顾及数目的能力"方面起到较好的作用。

算盘具有积聚式的特点。一颗上珠表示五，一颗下珠表示一，相邻两档，

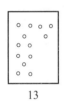

13

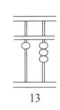

13

右边一颗是左边一颗的十倍，这样算盘上能表达出数量群，在算盘上有数量总和的表象，儿童不用数算珠，就能报出数来。这就能使儿童尽快脱离用点数实物来认识数的原始阶段，向用数群来认识数的高一级阶段发展。

算盘具有数位器的特点。算盘档次分明，用档位表示数位，是一个很好的数位器。儿童可以在算盘上一个一个地拨珠，满十向前一位进一，能使儿童具体理解数位与数位之间的十进关系以及算珠在不同数位上表示不同数值的位值原则。算盘的这个特点是其他认数教具所没有的。我们把算盘同点子图比较一下：

点子图无法表示数位与数位之间的十进关系，而算盘就能清楚地揭示数位概念。特别是书写数目的形象同算盘上算珠的形象有些相像，有利于相互之间建立联想关系。

算盘具有数位器这个特点，有利于儿童对数的概念的扩展。教育心理学的研究表明，较大数的概念的形成，主要是在十进位的概念的基础上，根据推理和想象来理解的。过去小学算术教科书中是采用方格纸来引导儿童推想的。方格纸上，一排有十格，十排就有一百格，一张方格纸上有一百格，十张方格纸就有一千格，一百张方格纸就有一万格……用这样的推想和联想来理解百、千、万等大数的概念，并不理想。它不能清楚地揭露十进位的关系，同时方格纸的形象与数目的书写形象无法建立联系。三算结合教学的大量实验材料证明：算盘档位分明，儿童可以一边拨珠，一边数数，十个一进一十，十个十进一百，十个一百进一千，十个一千进一万……由于算盘能清楚地揭示十进位关系，又加上儿童亲自拨珠，有运动分析器官参与活动，这样就能帮助儿童进行推想和想象，使儿童的推想和想象有了物理模型作为依据。所以，用算盘作为工具，非常有利于较大数的概念的形成。

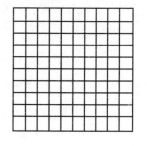

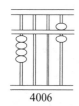

4006

前面谈到的书写数目的形象同算盘上算珠的形象之间可以建立联想，这个特点能够帮助儿童读数与写数，特别对多位数的读写，更有显著的教学效果。例如，以往儿童对 4506、4006、4050 等比较难读难写的数，容易出错。现在利用算盘作为工具，用空挡表示零，儿童听到或看到一个数，立即会在头脑里联想出在算盘上算珠的形象，有了这个物理模型作为依据，有助于儿童正确地读数和写数。又如，要求学生把"三亿零六千"这个数用阿拉伯数字写出来，儿童往往会错写成 306000。现在用算盘做工具，首先按照数位在算盘上拨数，亿位上拨 3，千位上拨 6，其余都是空挡。第二步按照算盘上拨的算珠位置进行写数，空挡用"0"表示。第三步总结出按数级写数的规律，亿级个位上写 3，万级四位都写"0"，个级千位上写 6，其余三位都写"0"，最后写成了 300006000。这样由具体到抽象、由感性到理性的操作，对提高学生抽象的写数能力是极其有利的。

算盘具有玩具的特点。算珠是圆的，能够上下滑动，拨珠时又会发出响声，并且人手一把，每个学生都能够拨弄，所以学生非常喜爱。利用算盘作为认数教具，儿童通过眼看、手拨、口唱，多种分析器官参与活动，有利于数的概念的形成。例如，儿童开始学习数数时，往往会出现循环、脱漏等情况，如数到 39，再回去数 30、31、32……或数到 39，就数 90、91、92……现在一边拨珠，一边唱数，看着算盘上算珠的形象，就能消除数数中的错误。算盘的这一特点，也是其他认数教具所没有的。

2. 珠算在形成运算技能过程中的作用

教育心理学研究表明，初入学儿童学习计算的一般规律，是从逐一计数逐步过渡到按群计算的。

从逐一计数到按群计算一般有三个阶段：第一阶段，如 5+3=8，先把 5 根小棒和 3 根小棒合起来，然后从 1 起连续数数，逐一数出总数；第二阶段，先把第一加数 5 作为一个基数，再把第二加数 3，一个一个数上去，6、7、8，然后得出总数 8；第三阶段，看到 5 个一群和 3 个一群合起来是 8 个一群，5+3 直接说出等于 8。第一、二阶段，其实并不是计算，仅是数数而已。

由逐一计数到按群计数，是一个飞跃，以往需要较长的时间才能完成。有些儿童要达一年之久，个别儿童到二、三年级还在数手指头呢。在怎样的教学条件下才能缩短这个过程，这是心理学和教学法工作者长期研究的课题。利用计数器和点子图有一定的效果，但并不理想，往往还是要数珠子和点子。三算结合教学引进算盘作为计算工具，大量实验材料证明，用算盘计算能促使儿童由逐一计数向按群计数过渡。

算盘具有按群计算的特点。例如 5+3=8，先拨入一颗上珠（五个一群），再拨入三颗下珠，结果出现一个新数群，按照在认数时形成的算盘上显示出数群形象，一眼便看出是 8。因为拨珠时，不是一颗一颗地拨，而是数群同时拨入，不必从 1 起连续数数得出总数。这样使儿童在学习计算的开始阶段，就及早脱离逐一计数，很快就过渡到按群计算。所以三算结合教学以后，学生数手指头的现象基本没有了。

利用算盘计算有助于儿童理解四则运算的意义。算盘利用算珠拨入表示加，算珠拨去表示减，具体反映了加减运算的实际意义。同数连加简化为乘，同数连减简化为除，在算盘上也能清楚地表示出来。

珠算对口算和笔算的正迁移作用是心理学研究的重要问题。杭州大学教育系心理学组在杭州市上城区的实验研究，上海师范大学教育系在上海地区的调查研究，北京师范大学教育系心理学组在北京地区的调查研究，以及全国各地教育研究行政机构的调查报告都证明：三算结合教学以后，学生的口算、珠算、笔算能力都提高了，并发现了珠算对口算和笔算有很强的正迁移作用。

杭州大学教育系心理学组在建国第二小学作了极有价值的实验研究。为了观察珠算对口算、笔算作用的强度，他们在实验中把教材分成几段，每一段都先教珠算，掌握了珠算运算方法后再教笔算、口算。教珠算前对三算的测定称为"预测"，教了珠算后来教笔算、口算对三算的测定称为"复测"。测验的结果见表4-2。

表4-2　教珠算前后对三算测定的结果

项目		加　法			减　法		
		教珠算前预测	教珠算后复测	复测比预测提高%	教珠算前预测	教珠算后复测	复测比预测提高%
20以内加减	珠算	60.9	86.3	42%	59.4	88.8	49%
	口算	68.8	80.4	17%	45.2	80.9	79%
100以内二位数进退加减	珠算	52.9	74.7	41%	36.0	70.5	96%
	笔算	46.5	65.0	40%	21.8	35.4	62%
	口算	48.3	64.4	33%	22.2	40.4	87%

从上表可以看出，在教珠算后的复测中，虽然只教过珠算并没有教过口算、笔算，但是口算、笔算的成绩都比预测中有了显著的提高。

家庭辅导在上述结果中可能有一定的影响，为了排除这种影响，他们又选择了没有家庭辅导的三种程度的学生（每种程度3人），作了个别测验统计和观察。结果见表4-3。

表 4–3　不同程度的学生教珠算前后三算测定结果

内容	学生程度 算法成绩	珠　算		笔　算		口　算	
		教珠算前预测	教珠算后复测	教珠算前预测	教珠算后复测	教珠算前预测	教珠算后复测
100以内进位加法	Ⅰ	60	90	33	93	78	100
	Ⅱ	33	85	33	90	60	90
	Ⅲ	30	65	0	68	23	57
	合计	42	80	22	84	53	82
100以内退位减法	Ⅰ	63	90	20	100	47	95
	Ⅱ	17	73	23	27	20	53
	Ⅲ	7	40	0	10	7	27
	合计	29	65	14	39	24	54

从上表中可看出：珠算对口算和笔算的正迁移作用，在无家庭辅导的学生中显得更为突出。另外，也可以看出，在不同程度的学生中正迁移的作用的基本趋向是一致的，但作用大小有所不同。程度好的，珠算的正迁移作用大；程度差的，珠算的正迁移作用小。

珠算对口算、笔算的正迁移作用，主要取决于口算、珠算、笔算有着共同的因素。三算都是十进制的数值计算方法，它们不仅计算结果一致，计算法则也有共同之处。例如加减法中数位对齐，加法满十进一，减法退一作十等，所以杭州大学实验者在表 4–2 的测验中，提问个别学生："老师还没有教口算、笔算的方法，你是从哪里学来的？"学生回答："从珠算中学来的。""方法是自己想出来的。"

珠算对口算、笔算的正迁移作用，还表现在珠算对巩固和提高两者计算能力的促进作用上。算盘具有形象计算的特点，它为口算、笔算提供了具体形象的运算模型。

口算的基础主要是 20 以内的加法和乘法九九。过去，要使儿童熟练 20 以内加减法和乘法九九，主要依靠学生熟记 20 以内加法表和乘法九九表。由于加法表和乘法九九表都是抽象的数字，因此学生要用较长的时间才能熟记，并且容易产生泛化的现象。例如，7 加 8 得 15，错记成 7 加 8 得 16；六九 54，会错记成六九 45。一旦记错，较难纠正。三算结合教学以后，把珠算和口算结合起来练习，如 7+8=15，先算珠算，在算盘上拨出得数，然后念一遍算式：七加八等于 15。最后要求学生脱离算盘，直接口算。这样做一次珠算，强化一次口算，又因为珠算是工具算，计算速度快，学生的练习机会就多。经过多次反复练习，在 7+8 → 15 之间，建立牢固的联系。以后，从感知两个数就能直接反应出计算结果，消除了中间环节，就达到了熟练的程度。这种把形象计算与抽象计算结合起来的方法，比单纯靠硬背熟记加法表效果好。又如一位数乘两位数：42×6，口算过程能够模拟珠算拨珠的过程。有了具体形象的拨珠计算过程作为模型，就能促进抽象的口算计算正确迅速地进行。所谓"以珠促口"，就是这个道理。

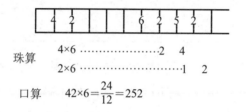

珠算　　4×6 ·················· 2　4

　　　　2×6 ·················· 1　2

口算　　$42×6=\dfrac{24}{12}=252$

　　同样，珠算也能作为笔算的运算模型。利用珠算具体形象的特点，促使学生理解笔算的计算法则。例如，20000−44，这是一道被减数是整万数的连续退位的减法，是多位数减法教学中的难点，在运算过程中被减数中间的 0 变成"9"的道理比较抽象，学生不易理解，有些学生往往会算错。有一个学生算错成下式：

$$\begin{array}{r} 20000 \\ -\ \ \ \ \ 44 \\ \hline 66 \end{array}$$

　　问这个学生为什么这样算，他回答说："个位 0 不够减 4，向 2 借 1，10 减 4 得 6；十位又是 0 不够减 4，再向 2 借 1，10 减 4 得 6，前面的 2 都借光了，不要写了。"现在用算盘作工具，在算盘上退一作十的道理来得具体形象，万位退一作十个千（利用底珠），千位退一作十个百，百位退一作十个十，十位 10 减 4 得 6，十位又退一作十，10 减 4 得 6，这时在算盘上显示的结果是 19956，非常清楚，然后再用笔算对照，学生一看就明白其中的道理了。

杭州大学教育系心理组对三算班和普通班进行教学对比实验的结果表明：三算班因多学珠算，口算和笔算的教学时间比普通班减少了一半，但口算、笔算的成绩反而比普通班好。这个事实是极有说服力的，证明三算结合教学能使三算互相促进，在低年级引进了珠算就能加速口算、笔算的学习进程。

珠算对于口算、笔算有着正迁移作用，但是，三者并不能互相替代。三算有各自的特点，珠算是具体形象的计算，实质上还没有脱离实物计算；而口算是抽象的计算。从具体计算到抽象计算，这是一个飞跃，绝对不能说，珠算熟练了，口算也就熟练了。所以珠算只能促口算，不能代替口算。如果只重视珠算训练，而忽视口算训练，学生对珠算会产生惰性，只愿意用算盘计算，而不肯口算了。

以上是用三算结合教学中的实验资料，分析珠算心理学中的两个问题，从中充分显示了珠算的教育功能以及三算结合教学的优越性。

珠算的这种教育功能，近年来已被美国、巴西、印度等国家重视。在美国，由于中小学生使用电子计算器，使学生计算能力下降，转而引进日本算盘。美国最大的数学教育研究团体"美国数学会"，从日本聘请珠算教员到美国讲授珠算，在小学增设珠算课。经过实验，收到了较好的教学效果，显示了珠算的教育功能。美国《教育时代》著文指出："电子计算器时代也需要基础知识，而算盘在漫长的历史中，证明了它的基础概念是永久持续下去的。" 1977 年 8 月，在南加利福尼亚大学成立了"美国珠算教育中心"，研究推广珠算。

日本非常重视我国三算结合教学实验，日本全国珠算教育联盟四次派代表团到中国考察三算结合教学实验。他们认为三算结合教学充分显示了珠算的教育功能。1979 年 4 月，他们第四次访问中国，在杭州市上城区参观了三算结合教学课后，荒木勋团长说："三算结合教学是一种极好的教学方法，应该向全世界推广。"但是在我国的教育界和数学界有不少同志并不重视珠算的教育功能，以为有了电子计算器，算盘该进历史博物馆了。原来遍及全国的三算结合教学实验，几乎全部被停止了。现在应该广泛展开讨论，正确评价三算结合教学实验，吸取这项实验的长处，构建具有中国特色的小学数学教学体系。

北京师范大学教育系编《小学教学》，1980 年 2 月

后译成日文在《珠算春秋》上发表

第5章 三算结合教学的实验研究

【简介】1970年3月，我从华东师大调到溧阳县茶亭中学当中学数学教师。茶亭中学对面是茶亭小学，我不由自主地经常到小学去转转，仍忘不了小学数学。当时全国各地都在搞三算结合教学实验，我也决定搞三算结合教学实验。于是我一边在中学上课，一边到小学搞实验。根据一年多的实验结果，我以茶亭小学的实验资料写成第一篇文章《坚持实验，立足改革》，溧阳县教育局发现了我这个人才，把我从茶亭中学调到溧阳县师范学校，抓教师培训工作。

调到溧阳县师范学校，我的天地更广阔了，立即把茶亭小学的经验推广到全县，三年时间从一个班级扩大到全县160多个班级，并且成效显著。我以县教育局的名义写成总结——《依靠群众，发展教育革命中的新生事物——"三算结合"教学调查报告》，这份调查报告发布后，引起了各方的重视，省内外的一些单位都派人到溧阳参观学习，北京师范大学和南京师院的心理学教师都来调查研究，形势一片大好。

由于"文革"的特殊环境，大家都小心谨慎，担惊受怕，意志消沉。一些好心人劝我，不要搞下去了，会犯错误受批判的。我没有理会别人的好心，搞教育实验怎么会受批判呢？可是后来的事实证明，他们说中了，我真的为此挨批了。因为三算结合教学作为"文革"中的新生事物，在全国轰轰烈烈地开展起来，所以在"文革"后揭批四人帮时，要我交代同四人帮有什么关系，真使我哭笑不得。

为了搞三算结合教学实验，我找到杭州市上城区的老朋友，参与他们的研究，开展"关于笔算从高位算起的实验研究"。"文革"后这项研究已经停止，但笔算从高位算起是行得通的结论，对今后小学数学教材建设是有借鉴作用的。

由于三算结合教学实验研究，使我在特殊的年代里，也没有中断对小学数学教学的研究，这是我的幸运。

一、坚持实验，立足改革
——小学一年级实验"三算结合"教学的小结

1972 年下半年起，我们在一年级算术课中，把口算、笔算、珠算三者结合起来进行教学，称为"三算结合"教学。一开始，我们对"三算结合"教学的可能性有怀疑，因为三、四年级学生打算盘尚且有困难，一年级学生能行吗？一年级学生年纪小，既要学算术，又要学珠算，恐怕会"两头没着落"。在领导的支持和鼓励下，我们坚持了实验。经过一年来的实验，实践证明，"三算结合"教学非但不会"两头没着落"，反而提高了教学质量。一年级小学生不能学打算盘的迷信被破除了，我们初步尝到了"三算结合"教学的甜头。"三算结合"教学的优越性有如下几方面：

1. "三算结合"教学有利于初入学儿童建立数的概念

初入学的儿童认识一个数，必须经历一个从具体到抽象的过程。过去，教一年级学生认数，用数小棒、扳手指头的办法。这种办法认识 20 以内的数还可以，数目大了怎么办？就用画点子、数方格的办法，数得儿童晕头转向，糊里糊涂。教师有时怕麻烦，干脆从抽象到抽象，儿童无法形成牢固的数的概念。现在"三算结合"教学使用了算盘，而算盘是一个很好的计数器，算盘上用珠子表示数，很具体，看得见，打得响。算盘同时又是一张很具体的数位表。算盘上的一个档位表示一个数，儿童通过在算盘上拨珠，一个一个地数，十个十个地数，一百一百地数……儿童对数位的概念就比较清楚。在算盘上拨珠认数，数的大小、数与数之间的关系看得清清楚楚。过去，教师用大的计数器教具教儿童认数，学生看得见，摸不到。现在每个学生面前都有一面算盘，人人看得见，摸得到，打得响。

2. "三算结合"教学有利于提高计算能力

儿童掌握计算，必须从具体到抽象。起初，是借助于实物进行计数，靠数小棒、扳手指头进行计算，以后感性材料积累多了，逐步过渡到抽象计算，也是一个从感性认识发展到理性认识的过程。正如恩格斯指出的："为了计数，不仅要有可以计数的对象，而且还要有一种在考察对象时撇开对象的其他一切特性而仅仅顾到数目的能力，而这种能力是长期的以经验为依据的历史发展的结果。"所以，过去大部分学生是靠数指头、画点点进行计算的，有的到了三、四年级还在数手指，甚至闹出手指头不够数，数脚趾头的笑话。在算盘上进行拨珠计算，具体形象，计算时，脑、眼、手、耳并用，多种感觉器官参与活动，有助于儿童理解数与数之间的关系。这样，儿童能从拨珠计算，逐步过渡到抽象的口头计算。实验班的学生数手指头的现象没有了，口算的能力提高了。从拨珠计算过渡到抽象计算，尤其对后进生有帮助。实验班有三个学生，原来识数都有困难，数目数不清，"三算结合"教学后，他们借助于算盘的帮助，既弄清了数的概念，又掌握了计算。"三算结合"教学促进了算术教学方法的彻底改革，学生在课堂里要脑想、眼看、手动、耳听、口唱，多个分析器官并用，儿童学得生动活泼，很有兴趣，改变了过去满堂灌时枯燥乏味的教学现象。因此，"三算结合"教学是符合计算本身规律和儿童的认识规律的。

3. "三算结合"教学有利于"三算"互相促进，共同提高

"三算"之所以能结合，是由于"三算"之间有内在联系。口算、珠算、笔算三种计算方法，都是数量计算，基本计算原理是一致的。"三算"有机地结合起来，能充分发挥三种算法的特点，相辅相成，互相促进。

珠算的拨珠计算可以促进口算能力的形成，口算能力的提高又能促进珠算的熟练，口算能力提高了，又能为笔算打好基础。实验结果是熟练了口算、学会了珠算、巩固和提高了笔算。

我们作了几个统计。图 5–1 能说明实验班口算能力的提高（题目是 100 道 20 以内进位加法或退位减法。每月测验一次）。

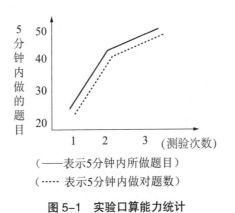

（——表示5分钟内所做题目）

（……表示5分钟内做对题数）

图 5–1　实验口算能力统计

我们对学生的笔算、珠算能力分三次进行了检测。第一次是百以内加法，第二次是百以内减法，第三次是百以内加减法。每次有 10 道题用笔算和珠算各做一遍，成绩统计见表 5–1：

表 5–1　笔算、珠算能力成绩统计表

测验内容	笔　算		珠　算	
	平均成绩	完成平均时间	平均成绩	完成平均时间
百以内加法	95 分	6'15"	86 分	4'25"
百以内减法	96 分	5'6"	83.3 分	3'48"
百以内加减法	86.5 分	5'2"	95 分	3'47"

从统计表上可以看出，实验班学生的笔算和珠算的能力是相当高的，不仅正确率高，而且速度大大超过非实验班。过去认为"三算结合"教学会造成"两头没着落"，事实证明两头都得到了提高。

4. "三算结合"教学有利于儿童学好珠算

算盘是一种简便常用的计算工具，运用十分广泛。可是，过去不重视珠算教学，其一直处于可有可无的地位。同时，珠算和笔算是分家的，因此，学生学了珠算得不到练习的机会，久而不练，到毕业时，差不多全忘光了，造成毕业生"算盘打不响，写信不通畅"的现象。现在"三算结合"教学后，把珠算作为算术课的一个有机组成部分，把算盘作为计算工具，学生经常可以练习，大大提高了珠算的计算能力。实验班的一年级学生，已能用算盘计算简单的现金账和工分账，这是过去想也不敢想的。实验开始时，有的家长也有点怀疑，说一年级小孩打算盘是胡闹，不肯替学生买算盘。可是当看到自己的孩子能熟练地打算盘，都高兴得眉开眼笑，点头称好，说一年级小孩能打算盘从来没见过，教育革命真是越搞越好。

一年来的实验，显示了"三算结合"教学的优越性，大大提高了教学质量，也促进了小学算术教材和教学方法的彻底改革。从"三算结合"教学中，我们得到一个启发，就是提高教学质量要立足于改革，如果一听到要提高教学质量，就原封不动地搬出老一套：满堂灌、勤考试、多作业……这样做是轻车熟路，但一下子就回到老路上去了。我们要用无产阶级教育革命思想，通过改革旧的教材和旧的教学方法，来提高教学质量，而不是用加重学生负担的办法。

二、依靠群众发展教育革命中的新生事物
——"三算结合"教学调查报告

"三算结合"教学是无产阶级教育革命中涌现出来的新生事物。它像灿烂的花朵，在毛主席教育思想阳光雨露的滋润下，通过广大革命师生的精心栽培，正在我县遍地盛开。

1. 怎样发展起来的

"三算结合"教学，就是从小学一年级起，把口算、珠算、笔算有机结合起来进行教学。1972 年茶亭小学的革命师生学习了外地的先进经验，敢于革新，大胆实践，开始在一年级进行实验。这项新生事物在我县一出现，就受到了各级党委的重视。新生事物刚出现时并不是很完善，但是新生事物不断战胜和取代旧事物，这是事物发展的客观规律。我们总结了茶亭小学的经验，从 1973 年开始，把试点班扩大到 10 个班级，分布在全县 9 个公社。之后，抓住这 10 个班，积极扶植，大力宣传，让典型说话，由典型引路，到 1974 年秋季开学，各公社纷纷要求实验，试点班级扩大到 60 多个班级。10 月份，我们召开了全县"三算结合"现场会，系统总结了"三算结合"教学的经验，大力宣传了"三算结合"教学的好处，大大推动了教学实验工作的开展。许多学校要求中途上马，到年底，全县就有 160 多个一年级班级进行实验。从 1975 年开始，我们在全县范围内全面推行了"三算结合"教学。到目前为止，小学除三年级 10 个试点班外，二年级有 260 个班级搞"三算"，一年级 100% 地实行了"三算结合"教学。

2. 为什么发展这么快

从单班试点到全面推开，仅仅经历了三年时间。"三算结合"教学这一新生事物，在我们县为什么发展这么快？

"三大革命运动推动了我们""广大工农群众促进了我们"，许多学校的

同志都是这样回答的。

"三算结合"教学在我县出现后，我们的一些干部和教师一时鉴别不清，对这一新生事物抱怀疑态度：什么"一年级小孩子，一算还难，学不好，三算能行么？""不用口诀教珠算有没有科学根据？"什么"三算结合会不会加重负担？学生能吃得消么？"出现了一连串的疑问。社渚公社的教师提出了"农业大干快上，教育战线怎么办？"的问题，他们坚定地回答："教育革命也要大干快上！"在这种形势下，该公社的"三算"试点班，从4个班迅速发展到24个班，全县中途上马的班级一下子增加了100多个，所以到秋季在一年级中全面推广"三算结合"教学早已是大势所趋，人心所向。

3."这件事真想到我们贫下中农心里了"

为依靠贫下中农发展"三算结合"教学，我们采取各种方式，对贫下中农开展了"三算"宣传活动。

"三算"汇报课，是一种有效的宣传形式。这种汇报课，从1974年到现在，在课堂，在田头，在商店，由教师上，请干部上，请贫下中农上，请营业员上，先后进行了数百次，它看得见，听得清，对于动员群众力量，发展"三算结合"教学，起到了良好的作用。

"文革"前，旧学校关门教学，学生毕业后，"肩不能挑，手不能提""不识秤斤两，算盘打不响""不爱农，不会农"。试行"三算结合"教学后，他们看到七八岁的孩子听毛主席的话，学习认真，会用算盘为生产队算工分账，算产量账，算收入账。能为家庭算生活开支账，能到粮店算销售账，无不惊喜交加，激动万分，个个拍手称好，普遍反映："八九岁的小孩会打算盘会算账，过去连想也不敢想。""教育革命真正好，今后队里不愁没有会计了！"

我们在各级党委的领导下，通过层层举办专题学习班（县培训骨干，公社依靠骨干培训教师），加强在职业余进修（把"三算"作为必修内容）和开展县、片、区、社四级观摩教研活动等三种方法，帮助教师不断提高"三算结合"教学水平。

为了搞好"三算结合"教学，社渚小学的蒋老师虽然肺已切除一半，体质较差，但仍起早摸黑，积极参加实验工作。竹箕公社有两位老教师年迈多病，该退休了不退休，还是坚持教改实验，坚持培训师资，他们说："人老了，时间可贵，更要争取为教育革命多做工作。"上沛公社两位女教师，体弱有病，赴县参加教研活动后，为了不落下一堂课，步行几十里，连夜赶回学校准备上课。南渡公社葛老师患严重心脏病，她把医生建议休息的证明藏起来，顽强地坚持"三算结合"教学实验，并且满腔热情地帮助新教师。类似的事例比比皆是。

推广"三算结合"教学需要大量的算盘，市场上供不应求，怎么办？教师们说："'自力更生，丰衣足食'，我们自己来造！"就这样，平桥、后周、社渚三个公社土法上马，办起了算盘厂。没有木料，他们就倒学校的树，到市场上买（碎料选用），并且发动群众带料加工；没有技术，他们就登门求教，向工人阶级学习。兄弟学校之间，相互交流，相互支持。没有人力，他们就课务大家分担，挤出人来专管，师生上下齐动手，课余做算盘。县上每学期举行一次"三算结合"教学经验交流大会，不断地提高教师水平，提高教学质量。

扩大从高位算起认真改造笔算的教学实验。从目前 5 个教学实验班的情况看，笔算从高位起算，用"写十记个""算前看后"与低位起算"调向"的方法，采用江苏课本，教材不变，可以使口算、珠算、笔算三者的运算顺序和运算方法，进一步统一起来，能够从"有机结合，相互促进"的角度，收到更好的教学效果。因此，通过总结经验，统一领导思想，我们集训了教师，在三个公社和城镇两所学校进一步展开了实验，并准备采取勤调查、勤总结、勤研究、勤集训、勤观摩的方法，加强对实验点的领导，努力提高实验效果。

在此基础上，彻底进行应用题的改革，把培养学生应用"三算"知识解决农村三大革命斗争实际课题的教学活动与组织学生参加群众改天换地的火热战斗，更紧密地结合起来。

从总的情况看，我们县"三算结合"教学活动的发展状况，还远远跟不上形势发展的要求，还存在许多问题，亟待解决，工作的开展也很不平衡。但我们坚信，只要立足改革，戒骄戒躁，坚持实验，大搞群众运动，"三算结合"教学这朵鲜花一定会在全县开得更加鲜艳夺目！

（杭州市上城区教师进修学校编的《三算结合教学参考》第 15 期，1979 年 2 月）

三、关于笔算从高位算起问题的实验研究

在三算结合教学的"百花园"里，有一朵光彩夺目的鲜花，被称为"杭州式"。杭州市上城区的同志，在三算结合教学的实践过程中，为了使读、写、算统一，口算、珠算、笔算统一，把笔算从低位算起改为从高位算起，进行"改造笔算"的试验。这一改革在全国引起了极大的震动。

1. 先从自己谈起

开始的时候，当听到杭州上城区试验把笔算改成高位算起时，我就付之一笑。因为翻一下数学史，笔算本来是从高位算起，后来为了计算的方便，才把加、减、乘改为低位算起，这是历史的发展。现在何必再改为高位算起呢？后来，有机会到上城区去学习，通过听课和调查研究，发现学生学习高位笔算并不困难，教学效果也很好，特别是实验班学生的口算能力很强。在事实面前，我原来的看法动摇了，承认笔算有改造的可能性，但还是怀疑有没有改造的必要性。

毛主席在《实践论》中指出："你要有知识，你就得参加变革现实的实践。你要知道梨子的滋味，你就得变革梨子，亲口吃一吃。"现在清楚了，以前我徘徊不前的根本原因，在于没有亲自参加实践。在杭州上城区同志的帮助下，我进行了教学实验，大量事实证明，笔算从高位算起并不困难，教学效果反而比低位算起好。在事实面前，我信服了。

2. 一次有说服力的教学实验

一次教学实验对改变自己的观点起了很大作用，现在就简单介绍一下这次实验的经过和结果。

1975年上半年，我在江苏溧阳县茶亭小学二年级的一个班进行实验。这是一所一般的农村小学，任课教师钱腊英是一位民办教师。这个班已经教过多位数四则计算，按照课本，笔算都是从低位算起的。实验时，结合小数四则计算，笔算改教从高位算起。这种在同一个班级的对比实验，更有说服力。因为笔算从高位算起好还是从低位算起好，学生是最有发言权的。学生两种方法都学，就可以进行比较，鉴别哪一种方法好。这种对比实验有一个缺陷，就是会受到"先入为主"的干扰，学生已经先学了低位算起，所

以，这次实验是在低位算起占优势的情况下进行的。

关于笔算加减法的两种起算方法的对比实验，杭州大学教育系心理学组已经有了大量的实验材料。我们的实验再一次证明他们的结论是正确的。主要结论有三点：

（1）从难度方面看，高位起算与低位起算的教学效果基本相同，没有明显差别。

（2）从速度方面看，高位起算快于低位起算。

（3）从三算相互关系方面来看，笔算高位起算对口算学习促进大，低位起算则起到干扰作用。

加减法的实验就不再赘述。下面重点介绍乘法的实验情况。目前，对改造笔算乘法争论较大。有人说，改造笔算乘法是个拦路虎，乘法高位算起能解决，改造笔算就能站住脚了。因此，改造笔算乘法是个关键问题。

乘法高位起算的方式有几种方案。我们认为小学生学习的应该是最基本的，应该要易学、易会、易用。我们经过研究，决定采用"齐头式"。具体做法如下：

（1）列竖式采用齐头式。把过去低位对齐改为高位对齐，这样便于书写，也便于从高位算起。

（2）对位方法：第一个乘积的个位只要对准乘数，第一位对准后，以后只要递位迭加就行了。

（3）递位迭加时，可随乘随加。每次乘积写十位，记个位（初学时轻写或用左手助记，熟练后脑记）。

（4）递位迭加遇到进位情况，因为只是进1，可在前位数字下加一小点（我们称为拖尾巴）。在部分积相加时，再把尾巴删去加进去。例：

$$
\begin{array}{r}
782 \\
\times 45 \\
\hline
2128 \\
3910 \\
\hline
35910
\end{array}
\qquad
\begin{array}{l}
7\times4=28 \\
8\times4=32 \\
2\times4=08 \\
\hline
3128
\end{array}
$$

实验时，我们用四节课改教高起乘法，学生很快就学会了。再经过两节课练习就进行对比测验。测验题包括各种类型的10道乘法题。测验时，要求学生列竖式计算，再在横式上写结果。这次测验是在低位算起占优势的不平等条件下进行的。因为低起乘法已学了半个学期，高起乘法仅学了几节课。测验结果大大出乎我们的意料。见表5-2：

表5-2　乘法两种起算方法的成绩和速度的比较（一）

	全班平均成绩	全班平均速度
高位起算	83.3分	9'32"
低位起算	78.9分	9'20"

高位起算的成绩略高于低位起算，但速度比低位起算略慢些。原因在于高位起算刚学会，还不太熟练。

最感兴趣的是一次自选测验。测验时让学生自己选择用高位起算或低位起算。结果全班36人中有24人选高位起算，占67%；12人选低位起算，占33%。调查一下，选高位起算的学生大都是"中下"学生。问他们为什么选高位起算，他们说："我们喜欢高位起算，高位起算容易，脑子里不要记进位了，高位算写起来顺手。"

高起乘法教过后，以后做作业，要求学生用高起乘法，使学生有经常练习的机会。一个月以后，再进行一次对比测验。结果见表5-3：

表5-3　乘法两种起算方法的成绩和速度的比较（二）

	全班平均成绩	全班平均速度
高位起算	82.4分	8'35"
低位起算	64.2分	11'37"

高位起算乘法经过一段时间的练习，两种起算方法的教学效果，有了明显的差别。高起乘法的成绩和速度都优于低位起算。特别是自选高起乘法的学生的比例高达97%，只有一人选低起乘法。这个学生学习成绩较好，他说："我高位算、低位算都会。"

除法本来就是高起的。但是除法要用到乘法和减法，两种起算的乘法和减法对除法有什么影响，也是值得研究的。为此，我们也作了一次对比测验。测验题包括 10 道不同类型的除法计算题。结果见表 5-4：

表 5-4　两种起算方法对除法影响的测试成绩和速度的比较

	全班平均成绩	全班平均速度
高位起算	86 分	18′9″
低位起算	81 分	21′19″

从正确率来看，高起略高于低起。从速度来看，高起快于低起，差距还比较显著。原因何在？我们经过分析认为，除法试商一般采用首位试商方法，如果用低起乘法，那就要先用高位试商，立商后回过头来再从低位乘起。而用高起乘法就不一样，用高位试商后，立即从高位乘起，一边试商一边就能计算，这样就提高了计算速度。

"实践是检验真理的唯一标准"。这次实验，用事实证明，高起乘法并不神秘，学生易学易会，正确率和速度方面都不差于低起乘法。笔算从高位算起是完全行得通的。笔算从低位算起的老习惯不能更改的神话破灭了。参与这次实验的虽然仅有一个班级，但是采用同一班级的对比测验，且低起占优势的条件下，实验结果却是高起优于低起，是有说服力的。当然，这仅仅是一次探索实验，还必须作进一步的大面积实验。

3.笔算从高位算起违反学生认识规律吗

担心高位算起行不通的第一个顾虑：认为高位算起不方便，学生难学，违反了学生的认识规律。

杭州上城区以及全国各地三四年来的教学实践，有大量的事实可以消除这个顾虑。前面谈到的一次有说服力的教学实验，就是生动的一例。下面试从理论上进行分析，同大家讨论。

学生的认识必须从感性上升到理性，从具体到抽象，从实践到认识再回到实践。三算结合教学中把算盘作为计算的"数学模型"，要充分发挥算盘的直观教具作用。珠算是从高位算起的，如果把笔算也改成高位算起，使口算、珠算、笔算统一起来，使三算互相促进，就充分发挥了算盘的"数学模型"的作用，使计算的思维过程，脑子里有布列和拨动算珠的形象，使抽象的思维有具体的形象作支撑。笔算改成高位算起，使口算、笔算、珠算统一，比过去不是难学了，而是好学了。学生说"现在做笔算同打算盘一样"，就是这个道理。所以，笔算从低起改成高起，不能只是孤立地从笔算着眼，而应该从三算结合教学，三者之间相互促进上考虑，才能真正看到它的必要性。

我们再从学生计算时的思维过程来分析。读、写、算和口算、珠算、笔算统一从高位起，不会增加学习困难，反而会带来方便。就以目前争论最大的乘法为例说明。

乘法不管高起或低起位都要递位迭加。高起乘由高到低递位迭加，低起乘由低到高递位迭加。例如：834×7。

高起乘是写十位记个位，第二次乘积的十位与前一次乘积的个位相加，随乘随加，从高到低，思维过程是顺的。低起乘是写个位记十位，第一次乘积的十位同第二次乘积个位相加，中间有间隔，高低有两次周折，思维过程是递转的，书写也不顺手，这里最容易发生错误。对这次测验进行错误分析，证明了这一点。见表5-5：

表5-5　乘法的两种起算方法的错误分析

错误类型	全班错误次数	
	高起乘	低起乘
递位迭加错	3	60
对位错	21	17
部分积相加挤	12	9
乘的次序错	2	6

数字看错或乘法口诀错	14	14
其他错误	16	38
	68	144

从表中可看出，递位迭加错误低起乘达 60 次，是高起乘的 20 倍，过去低位算起的笔算乘法大都错在这里，教师们都有这个经验。

由此可见，顾虑笔算从高位算起难学，给高起笔算扣上违反学生认识规律这顶大帽子是不妥的。有些人为什么得出高起笔算难学的结论呢？审视我自己主要是受了旧习惯的影响。笔算从低位算起已经是老习惯了，从小学的就是这个样子，改成高位算起总觉得不顺眼，不方便，因此得出学起来一定困难的错误结论。好比对于初学的人来说，拼音文字容易，方块字难，可是对已经习惯方块字的人来说，一定会得出"方块字容易，拼音文字难"的结论，这是吃了主观唯心主义的亏。

4. 笔算从高位算起是历史的倒退吗

担心笔算从高位算起行不通的第二个顾虑：笔算最早是从高位算起的，后来由于计算不方便才改为低位算起，这是历史的发展，现在再回到高位算起，这不是历史的倒退吗？我过去也是这样怀疑的。

我们先来回顾一下历史。

笔算起源于印度的"沙盘算法"。沙盘算法就是在铺满沙土的板上，写上印度数码（现在称为阿拉伯数字的前身），加、减、乘、除都从左到右高位算起。遇到进退位采用涂抹的办法。在沙盘上把原来的数码抹去，重新写上数码，比较方便。12 世纪前后，印度数码和沙盘算法经过阿拉伯人传到欧洲。欧洲人先使用沙盘，后改用在腊板和石板上计算。在此以前，中国的造纸术已传入欧洲，因用纸比沙盘计算方便，印度沙盘算法就被搬到纸上，改为用笔在纸上演算了，这样逐步形成了欧洲笔算。但当时造纸比较困难，纸张昂贵，一般仍在腊板和石板上计算。到 19 世纪廉价机制纸供应后，人们才广泛使用纸张写数计算。

在沙盘、腊板和石板上写数计算，遇到进退位的情况，只要抹去原数字，在原位置写上新数字即可。改用纸张就不能像沙盘、石板那样方便，只得采用划改的方法，划去原数字，在原数字上面另写新数字，例如：

减法：12025-3604=8421。

列式：第一次减 3000　第二次减 600　第三次减 4。

$$
\begin{array}{cccc}
 & & 8 & 8 \\
 & 9 & 9\!\!/4 & 9\!\!/4\ 1 \\
12025 & 1\!\!/2025 & 1\!\!/2025 & 1\!\!/202\!\!/5 \\
3604 & 3\!\!/604 & 3\!\!/60\!\!/4 & 3\!\!/60\!\!/4\!\!/
\end{array}
$$

乘法：968×732=70857∈。

列式	第一步（900×732）	第二步（60×732）
9 6 8	5 8 8	2 7
7 3 2	6 3 7 9 6 8	0 0 6
	7 3 2	7 5 8 8 2
		6 3 7 9 6 8
		7 3 2 2
		7 3

第三步（8×732）。

$$
\begin{array}{c}
5 \\
8\ 3 \\
2\ 7\ 7 \\
0\ 0\ 6\ 6 \\
7\ 5\ 8\ 8\ 2\ 6 \\
6\ 3\ 7\ 9\ 6\ 8 \\
7\ 3\ 2\ 2\ 2 \\
7\ 3\ 3 \\
7
\end{array}
$$

这样一个算式经几次划改就变成帆船形式，称为"帆船法"，这种帆船法，在 16 世纪以前的欧洲被广泛应用，为期较长。但这种划改方法，叠床架屋，混淆难辨。所以，后来为了避免进退位时发生涂改的麻烦，又为了算式整齐划一，把高位算起改为低位算起，才改成现行笔算的形式。

笔算从高起改为低起，虽然部分地解决了进退位时涂改麻烦的问题，但是却产生了破坏读、听、看、写、算统一从高起的新矛盾。读数、听数、看数都是从高位起的，这是大家公认的。计算中的口算、珠算、笔算、沙盘算，乃至现在的表算、图算、计算机无一不是从高位起算。读、写、算统一从高位起，这是事物本身的内部规律，改造笔算正符合了这个规律。

代数及现代数学的计算从来都是自左至右高起的。特别是现在近似计算应用范围很广，笔算低起与近似计算的矛盾很大。因为笔算低起，结果数值先有低位，后有高位，不全部算完，这个运算就毫无意义。而高位算起，每算一位就得到一位近似值，先抓大数，后抓小数，先算大账，后算小账，符合通常计算的实际情况。

三算结合教学后，笔算低起又同口算、珠算高起发生矛盾，阻碍了三算互相促进。如果把笔算改为高起，就能使口算、珠算、笔算统一从高起，促使三算互相促进，化干扰为促进，变消极为积极。因此，随着生产力和科学技术的发展，笔算低起同读、写、算，口算、珠算、笔算统一高起的矛盾上升为主要矛盾。

对于笔算高起后，产生进退位的困难问题，经过改革，也能解决。在三算结合教学中，可吸取珠算运算规律的优点，采用"算前看后，后位满十，进一减补""算前看后，后位不够，退一加补"以及"前位凑九，末位凑十"的方法。必要的时候也可采用划改的方法，笔算竖式仅是计算的演算过程，不必强求整齐划一。计算的目的是求得正确的计算结果，不必追求形式上的整齐。

笔算的高起与低起是对立的，在一定条件下能够互相转化。笔算最早是采用划改方法从高位算起，由于产生进退位时涂改的矛盾，所以改为低位算起，这是对高位算起的一种否定，在当时来说是一种进步。而现在按三算结合教学的需要，把低位算起改为高位算起，这是对前一次否定的否定，它比第一次否定更为深刻。笔算从低起改为高起不是重复以往的阶段，而是更高层次的重复。因为现在的高起笔算已经不完全是古代的高起笔算，我们不是重复古代的划改式的帆船算法，而是吸取其他算法的优点，成为新的高起笔算了。

5. 笔算从高位算起是抹杀笔算的个性吗

担心笔算从高位算起行不通的第三个顾虑：认为笔算低位算起是笔算的个性，如果硬要把笔算改成高位算起就是抹杀笔算的个性，不承认矛盾的特殊性。因此，产生了"从高位算起在珠算上是一大优点，放在笔算上似乎东施效颦，貌合神离"的结论。

我们先来分析，从低位算起是否是笔算的"个性"呢？不是。高起或低起仅是运算顺序，并不是固定不变的。口算、珠算、笔算三者的区别在哪里？主要是在于使用的计算方式不同。珠算使用算盘，笔算用笔写竖式演算，口算不借助工具直接进行口头计算，这是它们各自的个性。因此，三者只能互相促进，不能互相替代。至于运算顺序以高起或低起都可以，并不是固定不变的东西，怎能作为个性呢？

前面已经谈到读、写、算统一从高起符合事物的客观规律，现在还原客观事物的本来面目，使三算运算顺序重新统一起来，怎能是"东施效颦，貌合神离"呢？

6. 笔算从高位算起是不是同国际上不统一了

担心笔算从高位算起行不通的第四个顾虑：认为笔算从低位算起已是国际上统一的标准了，何必再改呢？

说现在笔算从低位算起已是国际上统一的了，这并不符合事实。目前有一些国家为了提高学生的计算速度和利于近似计算，笔算也有从高位算起的。例如德国教科书中的乘法就有从高位算起的，234×56 形式如下：

$$
\begin{array}{r}
234 \times 56 \\
\hline
11\ 70 \\
1\ 404 \\
\hline
13\ 104
\end{array}
$$

南斯拉夫的教科书中笔算乘法也有从高位算起的，形式如下：

$$
\begin{array}{r}
74 \times 6 \\
\hline
42 \\
24 \\
\hline
444
\end{array}
$$

7. 初步的结论

文章写到这里，我们可以得出结论了，笔算从高位算起是行得通的。"改革笔算"有可能性也有必要性。笔算从低位算起改为高位算起的主要理由如下：

（1）从科学技术发展的需要出发。

（2）从三算结合教学的需要出发。

（3）有利于今后近似计算和计算机计算以及学习高一级的数学。

以上看法，提出来供大家讨论。有错误的地方请大家批评。

（杭州市上城区教师进修学校编《三算结合教学参考》，1975 年第 9 期）

1991 年编入《邱学华小学数学教育文集》（江苏教育出版社）

第6章　形成儿童几何初步概念的研究

【简介】20世纪60年代初期，我在华东师范大学任教时，对儿童形成几何初步概念进行了系统的实验研究。现在这部分内容在新的《数学课程标准》中属于几何与图形的范畴。建立学生正确的几何初步概念仍是教学中的重要问题。本研究报告是送交中国心理学会第一届学术年会的论文，1981年在《小学数学教师》上公开发表。

一、问题的提出

几何初步知识是小学算术教材中重要组成部分之一。小学讲授的几何内容，是一些常见的简单几何形体的初步知识，包括认识直线、角、长方形、正方形、平行四边形、三角形、梯形、圆、正方体、长方体、直圆柱以及直圆锥等几何形体的特征；掌握计算有关形体的周长、面积和体积的方法；掌握最简单的绘图和测量的技能。这些知识，根据几何知识的内在系统和配合四则计算，分散编排在各年级。这些知识是几何知识中最简单的基础知识，根据儿童的年龄特点仅建立一些初步的概念与观念，为中学学习几何打下基础。

几何初步知识教学历来是教学上的难点，教学质量不高。这主要是由于儿童没有形成正确清晰的几何初步概念，概念与概念之间容易发生混淆。这不仅影响了小学算术的教学质量，而且会对进一步学习中学几何产生负面影响。

因此，儿童形成几何初步概念的问题，是教育心理学迫切需要研究的问题。我国和苏联的心理学工作者曾对中学几何教学进行过大量的研究，但是对有关小学几何初步知识教学的研究并不多。

本文试图初步阐明儿童形成几何初步概念的规律，以及儿童在概念形成过程中的心理特点，为建立有效的几何初步知识教学法体系和修改小学算术教科书提供心理学理论依据。

本研究是 1961—1962 学年在上海华东师范大学附属小学、普陀区中心小学、武宁路小学、中山北路第八小学、闸北区第二中心小学进行的。此外还在上海其他一些学校进行调查研究，搜集有关研究资料。

二、结果与分析

小学几何初步知识是分散在各年级学习的，因此，儿童掌握几何初步概念也是在学习过程中逐步精确、深入和扩大的。

几何初步概念的形成是比较复杂的。儿童形成概念过程的规律取决于几何初步概念本身的特点和儿童年龄特点。几何初步概念可以分成许多类别，每一类概念都各有特点。所以本文先不准备用简单的公式阐明儿童形成几何初步概念的发展过程，而是根据实验观察材料，阐明在概念形成过程中起作用的各个因素，从中揭露儿童形成几何初步概念的心理特点以及某些规律。在形成儿童几何初步概念过程中起主要作用的有以下几方面因素，现分别加以讨论分析。

1. 图形在形成几何初步概念过程中的作用

几何初步概念最大的特征，是有一定的几何图形作基础。长方形、正方形、三角形、梯形等概念，都是反映一定形状的几何图形。就是几何初步概念中较抽象反映性质的概念，如垂直、周长、面积、体积、高、底、半径等也不外乎是反映几何图形的形状、大小和位置，都要和一定的几何图形联系起来。因此，几何初步概念本身的特点，决定了儿童形成几何初步概念的特有的特征：必须以几何图形作为形成概念的支柱，不借助几何图形，儿童是很难形成概念的。

各种基本的几何图形都是从周围客观事物中抽象概括出来的。几何图形排除了具体事物中非本质的属性（如颜色、重量、质料等），抽出了本质的属性（如形状、大小和相互之间的位置等）。因此必须从儿童周围生活中的具体事物中抽象出几何图形。例如，揭示长方形的图形，先引导儿童观察周围的黑板、书本、课桌的表面，把这些物体表面的形状画在黑板上，让儿童进行观察、分析、比较，指出这些物体虽然各不相同，但是表面的形状是相同的，这些都叫作长方形。这时长方形的几何图形，已经不是任何一种具体的东西。这样从儿童现实生活的具体事物中引出概念，使概念具有现实性，包含丰富的具体内容。

从具体事物过渡到抽象的几何图形，是一个从具体过渡到抽象的阶段。根据实验观察材料证明，儿童对这个抽象过渡的阶段是感到困难的。许多儿童都会停留在具体事物上，并没有形成几何图形的抽象观念，有的甚至会"凝固"在具体事物上。当实验者问他们：什么叫作长方形？他们回答：桌子是长方形，黑板、铅笔盒子、箱子是长方形。把一些表面形状是长方形的物体都当成是长方形。这种现象的产生，主要由于儿童容易接受具体形象的事物，而一定的形状总是跟许多的具体事物联系起来，从而在它们之间建立了牢固的条件联系。当说出一种几何图形的形状，儿童就会立即在头脑里联想出许多具体物体。另外在教学过程中，一般教师只重视从实际引出概念，列举了许多具体物体，而对于从具体物体过渡到几何图形的抽象概括阶段没有引起重视。这说明了具体形象的东西在概念形成过程中起着积极的作用，但是如果不对具体形象的东西进行抽象概括的"加工"，也会产生消极作用。

几何图形与它所反映的概念建立了正确的联系以后，就会对形成概念和掌握概念的本质特征起到支柱作用。例如，儿童能够回答出正方形的四边相等、长方形的对边相等等图形概念的本质特征，这是他们有正方形和长方形的图形的表象作为基础。在实验观察中，我们发现有些学生把几何初步概念的定义忘掉了，他们就先画出图形，根据图形才回忆出定义。例如，我们要求一个被试者回答："平行四边形的特点是什么？"他先迟疑了一会儿，就在纸上画了一个平行四边形的图形，然后对着图形看了一会儿，再回答出："平行四边形的对边相等，对边平行，四个角不一定是直角。"

大量实验观察材料证明，如果仅使儿童认识"标准位置"的图形，对概念的形成也会起到消极作用。这种现象，我国和苏联的心理学工作者早已在中学生中发现，苏联的А.ф.Говоркова 也曾在小学生中发现同样的现象。

但是，在实验过程中又发现采用变式图形教学后，最初会引起泛化现象。例如，认识了图1中正方形、长方形、梯形的变式图形以后，有些学生却会把图2的菱形当成正方形，平行四边形当成长方形，任意四边形当下移梯形。

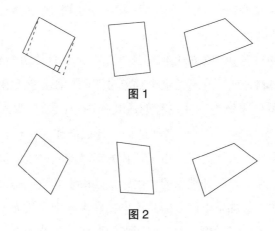

图 1

图 2

这证明虽然采用了变式图形进行教学，但是儿童还是以图形的外部形象来认识图形，没有运用概念的本质特征去判断图形。所以，除了采用变式图形进行教学以外，特别应该使儿童按照概念的本质特征去判断各种图形，使他们对概念图形与非概念图形形成精确的分化。例如采用如下分化性的习题：按照长方形的特点指出下面的图形，哪些是长方形？哪些不是长方形？为什么不是长方形？

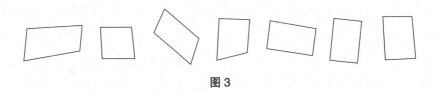

图 3

练习过程中还要求儿童用工具亲自测量，验证图形是否符合图形概念的本质特征。这种练习对儿童掌握概念的本质特征和正确地判断图形有显著的作用。特别可以使儿童改变仅仅根据图形的外部形象任意判断图形的习惯。

2. 语言表述概念的定义在形成几何初步概念过程中的作用

认识图形并不等于形成了概念，这仅仅是把图形与它的名称之间建立了联系，还没有真正掌握概念的本质特征，根据思维和语言统一的原则，概念必须用清楚、扼要、确切的语言表述出来。因此形成几何初步概念的过程，必须把概念图形与反映概念本质特征的语言表述联系起来，也就是使两个信号系统之间建立联系。小学算术中的几何初步概念下定义是初步的、通俗的。有些仅仅通过直观方式形成一些观念。

儿童从认识图形过渡到掌握反映概念本质特征的语言表述，是有困难的。根据实验观察材料证明，一般学生能认识或者画出几何图形，可是不能正确地叙述概念。

我们在三个学校对 265 个五年级学生进行测验，测验的结果见表 6–1。

表 6–1 学生叙述概念的结果统计

测验人数的百分数 / 测验结果的类别	什么叫长方形？	什么叫正方形？	什么叫周长？	什么叫面积？
正确	72	65	58	49
不完整或错误	26	29	29	32
未做	2	6	13	19

根据实验材料发现，儿童在叙述几何初步概念时产生的错误有如下几个特点：

（1）仅回答出概念中醒目的特点。

例如，有些儿童在回答"正方形有哪些特点？""长方形有哪些特点？"的时候，仅回答出"正方形是四边相等""长方形是对边相等"，而把"四个角都是直角"这个本质特征遗漏了。因为在图形中，边的长短是比较醒目的，而角的大小是较为隐蔽的，不易引起儿童的注意。又如回答"长方体有哪些特点？"这个问题，一个班有 45% 的学生仅回答"长方体有 12 条棱、6 个面、8 个顶"，因为长方体中棱、面、顶的数目是最醒目的。

（2）回答概念的非本质特征。

有些儿童只从图形的外部形象，把概念非本质特征当成概念的本质特征。例如，有如下一些错误的答案，"长和宽不一样的叫长方形""长方形有两条宽、两条长""有底和高就是平行四边形""有高、长、斜边就是平行四边形""它们的长和宽乘起来叫作面积，把它们加起来，再乘起来叫作周长""平行线就是两条相等的线"。

（3）语言含糊，受直观材料的影响。

有些儿童掌握概念停留在直观材料上，没有进行抽象概括，没有掌握反映概念的本质特征的语言表述。因此，叙述概念时，就受直观材料影响，甚至用教师以直观教具教学时的情景来叙述概念。例如，回答"什么叫面积？""什么叫周长？"儿童错误地回答："四边有框框的叫作周长""一张纸四边不是空的叫面积""面积就是一块土地的平面，周长就是一块地的几个边一共是多少""面积不是空的，是表面上的，手摸上去有东西的叫作面积""周长里面没有东西，手摸进去是空的，这叫作周长""它里面的东西叫面积，它的四周一共有多少叫作周长"。

（4）不会运用正确的名词术语。

有些儿童只是知道概念的含义，而不会运用确切的名词术语表达出来。例如，回答"什么叫作平行线？"时，由于不会运用"相交"这个术语，就根据平行线图形的特点凭自己想象出来的语词来代替"相交"这个术语："两条线它们是永远不会碰头的""两条线永远不见面，就叫平行线""平行线的两条直线不会合起来""两条直线一直划下去总不会碰到一起"。

以上这些特点反映了儿童在叙述概念定义时的年龄特点。这些特点也不是固有的，在正确的教学条件下能够消除这些错误。要求学生正确地叙述几何初步概念，就要求直观图形与语言结合进行教学。单纯要求学生死记定义，或者单纯强调直观性，而忽视语言的作用，都不利于几何初步概念的形成。

直观图形与语言结合的方式较复杂，概括起来可以有如下的过程：先采取直观图形让儿童观察分析，从而揭露图形概念的本质特征的语言表述形式，然后要求儿童熟记结语以及按照概念的定义对变式图形以及其他非概念图形进行分析和比较，使儿童进一步掌握几何初步概念的结语。

3. 作图在形成几何初步概念过程中的作用

在小学几何初步知识教学中，有一些基本图形要求学生作图（例如：线段，角，长方形，正方形，平行四边形，三角形等）。这不仅能使儿童掌握简单的作图技能，而且通过亲自作图，有助于儿童形成精确、牢固的几何初步概念。

　　儿童作图的过程，也是练习运用概念的过程。儿童只有在掌握概念的基础上，才能正确地作图。例如，要求学生"画一个长 3 厘米、宽 2 厘米的长方形"，他们就必须按照长方形这一概念的本质特征，使两条长都是 3 厘米，两条宽都是 2 厘米，并且要使用直角三角板，使四个角都是直角。又由于作图过程中，有运动觉参与活动，使形成概念的过程，有多种分析器官参与工作，更能牢固地掌握概念的本质特征。

　　目前，小学里一般都忽视作图教学，学生仅仅是"依样画葫芦"，没有把作图当作运用概念和巩固概念的教学手段。

　　我们在教学实验过程中试用了一些新的作图练习形式：（1）画一个面积等于 12 平方厘米的长方形。（2）画一个长方形和一个正方形，面积都等于 16 平方厘米。（3）画面积等于 12 平方厘米的图形，能画几个就画几个。

　　这类作图题，必须充分运用概念的本质特征，并且能够发展学生的逻辑思维能力。第一题根据面积等于 12 平方厘米的条件，推论出这个长方形一定是长 4 厘米、宽 3 厘米，或长 6 厘米、宽 2 厘米，或长 12 厘米、宽 1 厘米等。第三题没有限定画一种图形，学生可以画长方形、平行四边形、三角形等各种图形，更好地发挥自己的创造才能。

　　此外，在掌握作标准图形的基础上，要求学生作不同位置的图形，这样有助于学生认识变式图形。开始时，作变式图形有困难，这同学生不熟悉变式图形，不能熟练地运用作图工具有关。例如，作三角形的高，如图 4（1），很多学生作成图 4（2）。

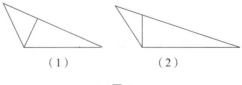

（1）　　　　　　（2）

图 4

　　掌握各种基本图形的变式图形的画法，对学生今后学习中学几何的作图和解题都有十分重要的作用。教师作图的范例，也要采用各种不同位置图形的画法。

4. 测量与计算在形成几何初步概念过程中的作用

儿童认识了几何图形、理解了概念的本质特征，概念的形成过程并没有结束，必须实际运用概念，才能使儿童达到自觉领会和熟练掌握概念的程度。如果不经过实际运用概念，儿童只能形式主义地掌握概念的名称而已。

测量与计算是几何初步概念实际运用的主要途径之一。有些几何初步概念一定要通过测量与计算的实际运用，才能判断儿童是否真正掌握。尤其像"面积、周长、体积、表面积、容积"等，这些概念的形成过程比较复杂，必须通过对具体物体与图形的测量与计算，才能反映出儿童掌握概念的程度。

儿童在测量与计算过程中，更加了解概念与概念之间的联系，知晓每一个几何初步概念不是孤立的，而是相互联系的。在测量计算中，实际运用的概念不是一个，而是一组，必须掌握这些概念之间的相互联系，才能顺利地完成测量与计算活动。例如，"长方形面积的计算"一定要掌握如下一系列的几何初步概念：长方形、长、宽、周长、面积单位等。此外，通过测量与计算活动使儿童掌握几何初步概念与其他概念之间系统的联系。

对实验观察材料进行分析，发现儿童在计算过程中把几对概念混淆，而且比较普遍。例如，面积与周长，体积与表面积，长度单位与面积单位等。面积与周长这两个概念的混淆现象尤其突出，这是小学几何初步知识教学传统性的难题，长久以来没有得到解决。我国心理学工作者曾对这个问题进行了研究，以下根据我们的实验观察材料再进行专门的分析。

我们用如下两道题目在五个学校进行测验，测验结果见表 6-2。

第一题：一个长方形长 5 米、宽 3 米，它的周长是多少？

第二题：一个长方形长 5 米、宽 3 米，它的面积是多少？

表 6-2 周长与面积概念混淆情况测验统计

校　别	甲　校	乙　校	丙　校	丁　校	戊　校
人数	45	42	50	42	48
混淆错误人数占总数的百分数	31%	43%	36%	48%	50%

五个学校的五个班级的混淆错误比例都在 30% 以上，最高达到 50%。

第一题有如下几种类型的错误：

（1）5×3=15（米）（误用面积计算的方法）；

（2）（5×3）×2=30（米）（第一步同面积计算方法混淆）；

（3）（5+3）×2=16（平方米）（误用面积单位）；

（4）（5+3）×4=32（米）（第二步与求正方形周长混淆）。

以上以第一种错误比例最大。

第二题有如下几种类型的错误：

（1）（5+3）×2=16（米）（误用周长计算的方法）；

（2）（5×3）×2=30（米）（同周长计算方法混淆）；

（3）5×3=15（米）（误用长度单位）。

造成这种混淆错误的主要原因有两个：一方面是不正确的教学方式造成的。教师仅仅形式主义地将求面积和周长的计算公式传授给学生，而不重视周长和面积的概念教学，不重视实际测量的活动。另一方面是由概念本身的特点所决定的。周长和面积的概念比较抽象，比形成一般几何图形概念困难，并且求面积和周长的计算方法都要度量长和宽，计算公式相似〔长 × 宽、（长＋宽）×2〕也容易引起泛化。从以上的分析可以发现，绝大部分错例是由于泛化所造成的。

此外，实验材料还表明，有些学生虽然计算结果是正确的，但是却没有真正掌握概念。我们对五年级两个班的100个学生进行测验，发现有许多学生会计算长方形的周长，却不会计算平行四边形、三角形、梯形的周长。测验结果见表6-3。

表6-3 计算各种图形周长结果的比较

图形	正确	错误	没有做
长方形	85%	15%	/
正方形	79%	19%	2%
平行四边形	52%	25%	23%
三角形	47%	20%	33%
梯形	47%	19%	34%
多边形	38%	26%	36%

以上材料说明，儿童仅仅形式主义地学会了求长方形周长的计算公式，而没有掌握"周长"这一概念。同时也证明，教科书中只用长方形揭示"周长"这一概念是不合理的，限制了儿童对"周长"这一概念内涵的全面理解，这也是造成儿童混淆长方形周长和面积的原因之一。

测量与计算是巩固概念和运用概念的主要途径之一。但是在目前的教学条件下，儿童的计算活动并没有真正达到巩固概念与运用概念的目的。教科书中的计算题大部分是单一类型的，而且千篇一律，并不需要儿童自觉地运用概念。

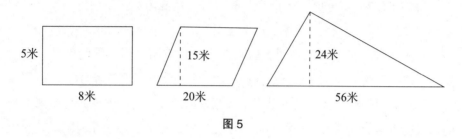

图 5

如图 5 的计算面积的题目，儿童只要根据两个已知条件套公式计算即可。因此当我们图形的条件改变成图 6，要求儿童计算面积时，结果一个班有 30% 的学生仍把两个数字套公式计算。这说明儿童把注意力只集中在数字条件上面，而没有自觉地运用概念。如果采用变式图形，加上附加条件（如图 7），儿童计算起来就更加困难。

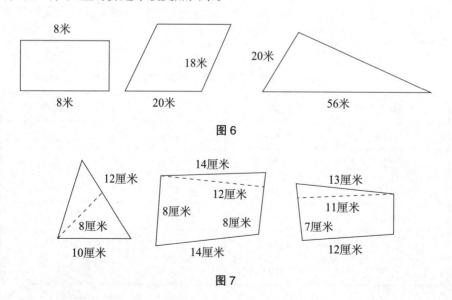

图 6

图 7

我们用两份试卷对六年级两个班的学生进行测验，一份是课本中的标准形式的计算题（甲卷）（如图 5），一份是如图 7 的变式图形加附加条件的计算题（乙卷）。测验结果见表 6-4。

表 6-4　甲、乙卷的测验结果

最后得分答名称率题目正确人数的百分数试题	平行四边形		三角形		梯　形	
	正确	错误或未做	正确	错误或未做	正确	错误或未做
甲卷	95%	5%	88%	12%	85%	15%
乙卷	63%	37%	44%	56%	38%	62%

以上材料说明，在目前的教学条件下，儿童在计算过程中不能把辨认图形和运用概念结合起来。我们建议教科书中增加变式图形，以及加上附加条件的计算题目。

三、初步的结论

根据以上的分析研究得出如下初步结论：

（1）儿童形成几何初步概念的过程是一个复杂的过程，是逐步精确、深入、扩大的过程。儿童在形成几何初步概念过程中，图形、语言表述概念的定义、作图、测量与计算等几方面因素起着重要的作用。这几方面作用必须有机地统一起来，如果其中有任何一方脱节，都不能形成精确牢固的概念。这几方面的作用对几何初步概念的形成有着积极的作用，但是，在不正确的教学方式下，也存在局限性，甚至会产生消极作用。

（2）儿童形成几何初步概念的一般过程，首先是引导儿童从观察周围环境中的具体事物引出概念，再从许多具体对象中抽象概括出几何图形，几何图形就成为形成概念的支柱；从对图形的分析比较中，概括出概念定义（初步的、通俗的）的语言表述形式，通过语言表述概念的定义进一步掌握概念的本质特征；儿童按照概念的本质特征辨认各种变式图形，以及分化概念图形和非概念图形；再通过作图、测量与计算，使概念在实际中得到运用和巩固，并在实际运用过程中，进一步掌握概念之间的相互联系，逐步使被掌握概念进入概念系统。以上是儿童形成几何初步概念的一般进程，这个进程不是绝对化的，而是反复、相互渗透的。

（3）根据研究材料表明，目前小学几何初步知识的教学方法和教科书都存在一定的问题，应该按照儿童形成几何初步概念的一般进程和心理特点，改进几何初步知识的教学法以及教科书的编写。

本研究是对小学几何初步知识有关教育心理学问题的一次试探性研究，目的是为以后进一步作专门性研究提供线索。因此，以上结论，还有待于今后继续研究加以验证，有许多问题还需要进一步探讨研究。

《小学数学教师》1981 年 4 月

第7章 "比和比例"两种教学方案的实验研究

【简介】"文革"后，我以极大的热情投入教学实验中，在 1979—1980 年进行了"比和比例"两种教学方案的实验研究。人民教育出版社用两种方案编写"比和比例"的教材，这两种教学方案孰优孰劣，让大家选择。为此我们进行这项研究，为"比和比例"教学内容的改革提供实验依据。这份实验研究报告受到人民教育出版社数学编辑室的重视，依此决定采用第二种教学方案。研究报告全文刊登在 1981 年第 7 期的《人民教育》杂志上，不但为教材改革提供了依据，而且对当时要重视教学实验的做法都产生了一定的影响。

一、问题的提出

人民教育出版社的统编小学数学第十册（征求意见稿）课本中"比和比例"这一单元，编写了两种教学方案的教材，让大家讨论选择。这两种教学方案的区别主要在于解比例应用题的方法不同：第一种方案用传统方法，列比例式解应用题，同过去课本基本相同；第二种方案，突破传统方法，用列方程解答正反比例应用题。

这两种教学方案究竟哪种好，必须经过教学实验研究才能得到比较准确的结论。这项教学实验的目的有三个：

（1）判断两种教学方案的利弊，为编写统编课本中"比和比例"的内容提供第一手实验资料；

（2）探索比例应用题的解题规律；

（3）探索小学生解比例应用题的思维特点。

二、实验方法

1979 年 9 月，我们先在常州市迎春桥小学选择五年级一个班进行用列方程解比例应用题的探索性实验。1980 年 3 月开始，在人民教育出版社数学编辑室的帮助下，在 7 所学校 10 个班级进行第二种方案的教学实验，全部采用人民教育出版社数学编辑室的第二种数学方案。这 7 所学校的实验分成三种情况。

（1）等组法：在本校采用对比教学实验，有迎春桥小学、西仓桥小学实验班。他们在平行班中一个班采用第一种方案，另一个班采用第二种方案，进行对比教学实验。

（2）单组法：直接采用第二种方案测验，没有对比班，有局前街小学、东郊小学、延安北路第一小学参与。

（3）循环法：先教第一种方案，再教第二种方案。有娑罗巷小学、刁庄中心小学参与。他们原来不准备进行第二种方案。后来只是教完第一种方案后尝试一下用列方程解比例应用题。

试教第二种方案的教师有：陈旭初、吴君壁、杨利仙、陆凤美、成传铸等。

三、结果与分析

经过等组法、单组法、循环法三种方法的教学实验，结果表明：第二种方案——用列方程解应用题是可行的。从教学效果看，第二种方案优于第一种方案。下面列举两个学校的实验结果加以分析。

1. 西仓桥小学采用等组法测验

（1）1980 年 4 月 16 日，进行正反比例应用题测验。

测验有 10 道正反比例应用题，其中正比例应用题 5 道，反比例应用题 5 道（包括基本题 3 道、条件变化题 1 道、问题变化题 2 道、条件和问题都变化题 4 道）。

这次测验正确率基本相同，但计算速度，第二种方案还是比第一种方案快 41%。

（2）4 月 20 日，进行"比和比例"单元的全面检查，要求学生在一节课内完成，试题由人民教育出版社数学编辑室提供，测验结果见表 7–1、7–2：

表 7-1　西仓桥小学第一次测验计算速度统计

班级	最快速度	最慢速度	平均速度	正确率
普通班（第一方案）	20′	40′	31.6′	86.7%
实验班（第二方案）	13′	33′	22.3′	86.7%

表 7-2　西仓桥小学第二次测验成绩统计

班级	最高成绩	最低成绩	平均成绩
普通班（第一方案）	98 分	57 分	82.8 分
实验班（第二方案）	100 分	69 分	91.4 分

在相同时间内，正确率，第二种方案比第一种方案提高 10.4%。

2. 娑罗巷小学采用循环法测验

原来这个学校是按课本（征求意见稿）第一种方案教的。学生看到附近学校实验班同学用列方程解比例应用题，要求老师也教一教新方法。杨利仙老师为了满足学生的求知欲望，在单元复习中用两个课时讲用列方程解正反比例应用题。出乎杨老师的意料之外，从讲第二种方案以后，每次做习题，学生都喜欢用列方程解答。用杨老师的话说："我花了九牛二虎之力，用近二十课时教了第一种方案，结果却被两个课时冲垮了。"

杨老师同时教两个班，五（1）班是重点班，接受能力强，数学基础较好；五（2）班是普通班，数学基础较差。这两个班的学生两种方案都学过，选择哪一种教学方案好，他们是最有发言权的。为此，我们在两个班上搞了一次"民意测验"。测验时由学生自己选择用哪一种方法，结果百分之百的学生都喜欢用第二方案。为了检查教学效果，进行了两次有趣的、又有说服力的对比测验。第一次，五（1）班用第一方案解答，五（2）班用第二方案解答。第二次倒过来，五（1）班用第二方案解答，五（2）班用第一方案解答。两次测验试题都是各种类型的 10 道正反比例应用题。题目不同，难度相同。结果如下：

表 7–3　娄罗巷小学第一次测验成绩统计

班级	解题方法	平均成绩	平均时间
五（1）班（重点班）	第一方案	92.3 分	24′20″
五（2）班（普通班）	第二方案	94 分	17′10″

第一次测验，普通班的成绩与计算速度都超过了重点班。成绩高 1.8%，相差不大，而计算速度却快 41.8%。

表 7–4　娄罗巷小学第二次测验成绩统计

班 级	解题方法	平均成绩	平均时间
五（1）班（重点班）	第二方案	96 分	15′30″
五（2）班（普通班）	第一方案	78.6 分	27′20″

第二次测验，普通班的成绩和计算速度远远不如重点班。重点班比普通班成绩高 22.1%，计算速度快 76.1%。

3. 其他学校的测验都得到相同的结果

实验结果的分析：

为什么第二种方案比第一种方案的教学效果好呢？根据教学实验资料，对第二种方案的优点具体分析如下：

（1）解题思路清晰，符合儿童思维规律。

用列方程解比例应用题，主要着眼点放在找准等量关系。在总数、份数、每份数三者关系中，如果每份数一定（即商一定）就是正比例应用题，如果总数一定（即积一定）就是反比例应用题。这种判断方法既清楚又简单。用等量关系列出方程后，解题步骤简便，计算速度快。这种解题思路同小学生以前学过的用算术解应用题和用简易方程解应用题是一致的，同样都纳入"找数量关系"这个解题"轨道"中，前后可以互相联系，互相促进。

而用传统方法，要列比例式解应用题，思考方法比较特殊，先要判断是正比例关系，还是反比例关系，再按照同类量对应成比例列出比例式。这种思路同学生以前学的用算术解应用题和列简易方程解应用题的思路不一致。

教学时，必须重砌炉灶，因此学生感到困难。

实验过程中，杨利仙老师找学生个别谈话，问他们为什么喜欢用列方程解比例应用题，一个后进生说："用方程解，容易懂，做起来快，对的多。"一个优生说："用第一种方法列数量关系表时，我会把箭头弄错，有时很难判定是正比例还是反比例。用方程解答，我看到题目里的第一对已知对应数量是份数和总数，我就知道每份数相等，就是正比例；看到题目里第一对已知对应量是每份数和份数，我就知道总数相等，就是反比例。这样解题快，容易做对。"上面两位学生的发言回答了为什么学生全都喜欢用第二种方案。这充分说明，用方程解比例应用题，解题思路清晰，解题步骤简便。

（2）学生容易接受，教学时间缩短。

由于学生在四年级已经学过"简易方程"，对列方程解应用题已经有了基础，因此再学用方程解比例应用题，学生容易接受，使教学时间缩短。"正反比例应用题"这部分内容，在实验班一般用 7—10 个课时，在普通班一般要用 12—14 课时。由于教学时间缩短，相应地增加了练习时间，有利于教学质量的提高。

（3）解题方法灵活，有利于发展学生的智力。

第二种方案比第一种方案解题方法灵活，能够一题多解，打开学生的思路，有利于发展学生的智力。例如：一堆煤，原计划每天烧 3 吨，可以烧 96 天；由于改建炉灶，每天节约煤 0.6 吨，这堆煤可以烧多少天？这道反比例应用题用列方程解，可以有多种解法：

第一种解法：设可烧 x 天，再求出可以多烧几天。

$(3-0.6)x = 0.3 \times 96$（烧煤的总量相等）

第二种解法：设可多烧 x 天。

$(3-0.6)x = 0.6 \times 96$（节约的煤相等）

第三种解法：设可多烧 x 天。

$$\frac{0.6 \times 96}{x} = 3 - 0.6 \text{（节约后每天烧煤量相等）}$$

（4）同中学数学解应用题的方法统一起来。

中学数学中解应用题的方法主要是按等量关系列方程解。传统方法列比例式解应用题的思考方法在中学数学里用处不大。我们用 10 道正反比例应用题到一个中学初二班进行测验，结果表明，学生原来学的用列比例式解题的传统方法都已忘掉，全部用列方程解。所以用列方程解比例应用题是符合学生进一步学习中学数学的需要的。

（5）有利于小学数学教材的改革。

我们分析两种教学方案的利弊，不仅要从教材本身来考虑，而且要从整个教材体系进行考虑。

现在统编教材对原有小学算术教材体系进行了改革，增加了代数知识。在四年级引进了"简易方程"，初步学习了列方程解应用题。到五年级"比和比例"单元中，如果用列方程解应用题，一方面可用方程知识解决比例应用题的难点；另一方面又可使列方程解应用题的知识得以应用，从而得到巩固和提高。这样，引进的简易方程知识不是外加的、孤立的，而成为小学数学教材体系中的一个有机组成部分，使教材前后呼应，连成一体。

教学实验过程中也发现如下几个问题：

（1）用方程解比例应用题，用等量关系解题，并不需要用到正反比例的概念，这就失去了比例应用题的解题特色。不学正反比例的概念同样能列式解题。

（2）用方程解比例应用题，比例式不出现，解比例也用不上，这就使解应用题同正反比例的概念脱节，在某种程度上削弱了正反比例概念的教学。

（3）原有比例应用题中关于"根据齿数求转速""根据影长求杆高"这类应用题，用找等量关系列方程解，学生理解起来有一定的困难。

（4）中学数学中的"比例线段"、化学、物理中的比例计算，都需用到列比例式解题的知识技能，如果小学不教列比例式解题的方法，如何解决与中学衔接的问题。

根据以上情况，是否可以考虑按照应用题的特点，把传统的比例应用题分成两种情况：大部分题目用列方程解方便就教列方程解；一部分题目用列比例式解方便（如："根据齿数求转速""根据影长求杆高"等）就教用列比例式解，使学生也学到一点用列比例式解题的方法，以解决同中学的衔接问题。这样安排既符合解题的实际需要，又使列比例式和解比例得到实际的应用。

四、初步的结论

（1）人民教育出版社数学编辑室用两种教学方案编写课本（征求意见稿），这个办法好，使大家有分析比较、选择的余地。同时推动了教学实验，活跃了教材研究的气氛。这种把教学实验与编写教材结合起来的做法是值得提倡的。

（2）经过教学实验证明：第二种方案是可行的，其教学效果优于第一种方案。用列方程解比例应用题，思路清晰，步骤简便，解法灵活，有利于发展学生的智力，又同中学数学解应用题的方法统一起来，有利于促进中小学数学教材体系的改革。因此，用列方程解比例应用题代替传统方法，是切实可行的。

（3）教学实验中发现用方程解比例应用题，并不需要用到正反比例的概念，造成解答应用题同前面教的正反比例概念的脱节，因此这项改革还必须对"比和比例"这单元的教材作全面的调整安排。

现在，人民教育出版社数学编辑室根据全国各地实验的情况，决定采用第二种方案，在全国大面积试用，今后会根据全国大面积的试用情况，再作进一步的研究。

《人民教育》1981 年 7 月

第8章 "六段式"课堂结构的实验研究

【简介】20世纪80年代为了配合尝试教学法实验研究，同时开展课堂教学结构的研究，根据儿童的认识规律和课堂教学的学习规律，形成了具有中国特色的"六段式"课堂结构。这种课堂结构简单明了，便于操作，在中国许多地区推广、应用。

30多年后，新世纪新课程改革，根据新时代的要求，我又提出"六段式"课堂结构的升级版。既保留了原来六段式的基本程式，又作了适当的调整，把第五段课堂作业改为"当堂检测"，这项研究也历经30多年。

一、"六段式"课堂结构的讨论

1. 问题的提出

课堂教学过程是一种很复杂的实践过程，必须分成几个部分依次进行。课堂教学结构是指进行一堂课的教学工作各个部分的组成。不同的课堂有不同的结构，应用不同的教学方法也有不同的结构。

课堂教学有具体的教学任务和一定的时间规定，要在规定的时间内，较好地完成教学任务。课堂教学效率是指在一堂课规定的时间内，所取得的教学效果的大小。

一堂课的结构如何，对于提高课堂教学效率影响甚大。每一种结构以及结构中每一个部分，应该说都有一定的教学效益，现在的问题是要发挥最大的效益，这就必须从各种课堂结构中"择优录取"，寻求最优结构。研究各个组成部分以及它们之间的联系和相互作用，并且形成各组成部分间的最佳组合，从而最大限度地使学生的知识和能力获得发展。

近几年来，在小学数学教学中，教学方法的改革，已取得可喜的成绩。现在的问题是，先进的教学方法与陈旧的课堂结构产生了矛盾，影响了课堂教学效率的提高，因此课堂教学结构改革的问题，是当前亟待研究和解决的问题。

2.传统结构存在的问题

目前许多教师上新授课的结构，大都采用苏联20世纪50年代凯洛夫《教育学》上的五个环节：（1）组织教学；（2）检查复习；（3）新授；（4）巩固练习；（5）布置家庭作业。这个结构在一定程度上反映了学生学习知识的一般规律，但它是为教师讲解为主的教学方法服务的，并且也不符合科学技术飞速发展的时代要求。

从教学实际情况来看，按照这样的结构上数学课，课堂作业总是来不及当堂做。仔细分析一下，毛病出在"检查复习"这一环节的时间太长。检查复习一般都采用板演形式，由于前一天学得不牢固，板演出了差错，既要让学生评议，教师又要补充讲解，这就得花10～15分钟，接着讲授新课再花20分钟，结果只剩下五六分钟了，学生刚拿起笔做题目就下课了。这样匆匆忙忙地结束，学生没有当堂消化、巩固，问题就留到下一堂课，致使下一堂课的检查复习时间又拖长了。这样就形成了一种恶性循环。"检查复习"事实上成了昨天教学内容的补课，影响今天新课的巩固，使教师天天处于被动地位。苏联在20世纪60年代已经发现了这个问题，有位教学法专家指出，检查复习时间太长已成为一堂课的"恶性肿瘤"。

这种传统的结构是为传统教学方法而设计的。如果采用以学生为主体的"探究教学法""自学辅导法""尝试教学法"等新教学方法，这种结构就不适合了。

3.新结构的设计与实践

近几年来，我和各地教师共同研究，在教学实验过程中，我们反复尝试，终于找到一种比较合理和有效的课堂结构——"六段式"课堂结构。一堂新授课大体包括如下六个阶段。

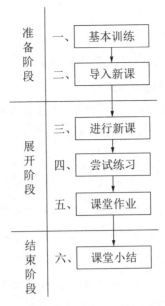

图 8-1 "六段式"课堂结构

以下把每个部分的作用、要求、具体做法和大致的时间（必须灵活掌握），逐一加以分析：

第一段，基本训练（5 分钟左右）。

课一开始安排基本训练，包括口算基本训练、应用题基本训练、公式进率基本训练等。小学数学基本能力的培养要靠天天练习，这样做，把基本能力的训练落实到每一堂课中。同时，上课一开始就进行基本训练，使学生立即投入紧张的练习中，能安定学生情绪，起到组织教学的作用。

第二段，导入新课（2 分钟左右）。

从旧知识引出新知识，揭示新课题，以旧引新，能充分发挥知识的正迁移作用，为学习新教材铺路架桥作好准备。同时，使学生一开始就明确这堂课学的是什么，要求是什么。这一步时间不长，但很重要，只要花一两分钟说明，立即转入新课。

第三段，进行新课（15 分钟左右）。

这是新授课的主要部分，教师可以运用各种教学方法来进行新课，如教师讲解、学生自学、演示实验等。由于时间只有 15 分钟左右，必须突出重点，集中全力解决关键问题，切不可东拉西扯，拖泥带水。另外，一堂课的教学内容不能太多，宁可少些，但要学得好些。

第四段，尝试练习（6分钟左右）。

一般采用几个学生板演、全班学生同时练的方式进行，先让学生尝试练习一下，检查学生对新知识的掌握情况，特别是了解后进生的情况。这一步是一次集中反馈，通过板演评讲，教师还可以作补充讲解，解决后进生学习新知识存在的问题。这一步可以说是"进行新课"的延续，又为下一步学生独立写作业扫除障碍。

第五段，课堂作业（10分钟左右）。

上面两步仅能使学生初步理解新知识，必须安排一段集中练习时间，才能使学生进一步理解和巩固新知识。为了提高练习效率，应该使学生有充裕的时间安静地在课堂上完成作业，这是一堂课不可缺少的组成部分。

布置作业不要一刀切，要面向中下生，可为优秀生另外准备"超产题"。学生练习时，教师要注意巡回辅导，特别对后进生，要及时帮助他们解决困难，这种"课内补课"的效果较好。

第六段，课堂小结（2分钟左右）。

学生做完课堂作业并不意味着课的结束，因为学生通过练习，发现了困难，需要帮助解决，同时还迫切地想知道，自己做的作业，到底哪几题对了，哪几题错了。所以，教师应该安排这一步，做好一堂课的结束工作，这样一堂课的安排就善始善终了。

这段时间里，教师首先根据学生的作业情况，把这堂课所学的知识再重点归纳总结，由于学生经过了10分钟左右的集中练习，再听教师归纳总结，体会就更深了，能起到画龙点睛的作用。然后教师可以当堂公布正确答案，使学生当堂就知道，哪几题做对了，哪几题错了，便于课后立即订正错误。如有必要，再布置家庭作业，也可以预告一下明天学习的内容。

以上六个阶段并不是一成不变的，大家可按照教学要求和班级的实际情况，灵活应用。

几年来的实验证明，这种结构教学效果较好，主要表现在：

（1）突出新课教学的重点。新授课主要是进行新课教学，新结构的六个阶段全部围绕新课教学展开，能够保证较好地完成新教材的教学任务。

（2）增加练习时间。新的结构几乎安排一堂课二分之一的时间进行练习，从基本练习到尝试练习，再到课堂练习，要求逐步提高，层次清楚。这样能保证学生当堂练习，当堂消化巩固，当堂解决问题，不留尾巴到下一堂课去。

（3）改变了"满堂灌""注入式"的旧教学方法。新的结构增加了练习时间，"进行新课"时间要控制在15分钟左右，促使教师改变"满堂灌""注入式"的做法。

这里特别要申明，这个课堂结构仅是基本样式，教师必须根据学生年龄特点、学科特点及教学需要灵活应用，千万不要生搬硬套。例如教学任务重，可取消5分钟基本训练，增加进行新课时间；又如时间紧张，可把尝试练习和课堂作业合并起来等。另外设定的每一段时间，仅是供教师参考，便于控制时间。总之，教学法的生命在于灵活应用。

4. 新结构的理论依据

这种新的课堂结构主要是依据两种教学理论进行设计，并在教学实践中逐步形成的。

（1）最佳时间理论的应用。

一堂课40分钟，哪一段时间学生的注意力最集中，学习效果较好，就是这堂课的最佳时间。根据儿童的心理特点分析，一般来说，上课后的6分钟到20分钟之间，是一堂课的最佳时间。因为开始几分钟，学生刚从课间活动转入课堂学习，情绪还没有安定下来；第6分钟开始，学生情绪已经安定，又经过课间休息，这时精力充沛，注意力集中；到第20分钟以后，学生开始疲劳，注意力也容易分散。

当然，一堂课的主要教学任务如果安排在最佳时间里，教学效果就好。我们把两种课堂结构比较一下：

从下图的比较中我们可清楚地看出，传统结构把"检查复习"放在最佳时间里，是昨天的内容，但到新授课时，最佳时间已过，学生已经开始疲劳，新课的教学效果就差；新的结构把"进行新课"放在最佳时间里，就能收到最佳的教学效果，过了最佳时间，已是组织学生练习，学生的注意力已不容易分散了。

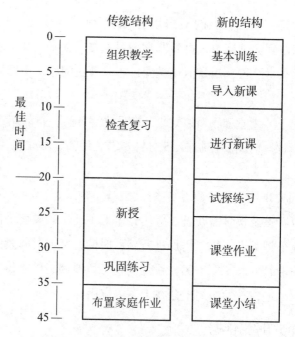

图 8-2　两种课堂结构比较

（2）反馈理论的应用。

在教育控制论中，反馈是指教学过程中，随时反映学生掌握知识与能力的情况，教师根据学生反映出来的情况（称为信息），再及时采取措施，弥补缺陷（称为调节），以保证达到预期的教学目标。"六段式"课堂结构能够使教师获得大量信息，及时了解学生的反馈。

课堂教学的反馈表现在学生的表情、对教师提问的回答、板演、课堂练习以及实验操作等。新的结构充分应用了反馈的原理，集中安排了两次反馈：

第一次集中反馈——尝试练习。

新课结束，通过尝试练习，使学生及时释放对新知识理解程度的信息，如发现问题，教师能及时进行补充讲解，起到调节作用。

第二次集中反馈——课堂作业。

通过课堂练习，能够及时反映出一堂课的教学效果，如果再发现缺陷，当堂就能补救。一种课堂结构的设计有多方面的理论依据，这里仅阐明主要的两条。

《小学教学》（1984 年第 ` 期）

二 "六段式"课堂结构的升级版

尝试教学实验学校把尝试教法学五步基本操作程序同"六段式"课堂结构结合起来，在六段式结构中的第三段"进行新课"中采用尝试教学法五步基本程序，被教师称为"五步六结构"尝试教学模式。

随着教学改革不断深入，历经30多年的时间考验，越发证明"六段式"课堂结构符合小学生的认识规律和课堂教学中的学习规律。学生学习新知识，一般要经过三个阶段：学习新知识；巩固新知识；测评新知识掌握程度。不管改革怎样变化，这三个过程必不可少。因为学习新知识后，必须及时巩固，如果不及时巩固，学生很快就会遗忘，这是经典的教育心理实验所证明的。巩固知识后还必须测评知识，及时反馈学生掌握知识的程度，发现漏洞立即修补。所以一堂课必须有这三个环节，这是教师必须遵守的最普通的教育科学常识。

"六段式"课堂结构历经30多年的时间考验，并在发展过程中，不断汲取新的教育思想和改革经验，在教育实践中不断完善、提高，形成"新六段式"课堂结构。下面简要介绍这个升级版：

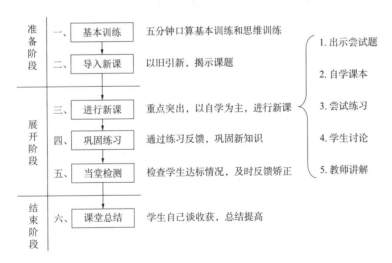

图8-3 "六段式"课堂教学结构升级版

从以上流程图可看出，升级版同原版相比，仅在第四段和第五段有所变化，注入了新含义和做法。我们重点分析这两段。

第四段：巩固练习。

原版中提"尝试练习"，就是"进行新课"以后的第二次或第三次尝试练习，给学生再次尝试的机会。这样可以增加尝试的色彩，避免提"巩固练习"，有走老路之嫌。

在实施过程中发现，第三段"进行新课"中学生要做尝试题，不就是"试探练习"吗？如果接着第四段再叫试探练习，就重复了，容易引起教师的误解。

事实上，在第三段"进行新课"时，学生通过自学课本，大胆去做尝试题，自己初步地解决问题，这应是试探练习。第四段接着再做练习，应该是巩固性练习。所以，第四段改成"巩固练习"，是恢复学生学习的本来面目。

第五段：当堂检测。

原版中提"课堂作业"，主要是为了使学生进一步理解和巩固新知识，给学生集中一段时间进行练习。这是通常的做法，课的最后安排一段时间做课堂作业。

在实施的过程中，我们发现目标不明确，教师随意出一些题目让学生做，做后也不知道做得对不对，要等到教师批改作业后才知道，往往要等到第二天上课前才知道。

现在吸取目标教学法中"达标练习"的做法，改为当堂检测。顾名思义，"当堂"就要求当堂练习，当堂完成、当堂解决；"检测"是带有检查测评之功能，通过当堂检测，使师生当堂就知道学生对本堂课知识的掌握程度，发现有缺漏立即补救。这是一次集中反馈与矫正的过程。操作中应注意以下问题。

（1）当堂检测的内容应覆盖本堂课的教学目标，也可适当结合旧的知识，这是一种"以新带旧"的办法。既可以顺便复习旧知识，又能够建立新旧知识的联系。

（2）每道题要有分值，合计100分。如出5道题，每题20分。掌握程度有一个量的指标，使学生心里清楚自己的水平，也有了奋斗目标。

（3）作业量不要太多，预计中等生能在8分钟里完成。作业量不要一刀切，布置1～2道题作为"超产"题，并有一定难度，可另加20～50分。这是给优秀生准备的。

（4）"当堂检测"一般安排 10 分钟，学生只能做 8 分钟，留 2 分钟给学生互批互帮，作业可交互批改，然后交还给本人订正，订正有困难的同学可以请别人帮助。小组长负责检查每一个组员，全对了，才算过关。

（5）按照上述办法操作，争取做到"堂堂清""人人清"。把"反馈矫正""诊断补救"的措施落实到每一堂课中，长此以往，学生的学习能力将会大幅度提高。

这里必须强调四点：

第一，"六段式"课堂结构（升级版）是一个有系统、互相联系、可控的整体，既要充分发挥每一段的作用，又要促进它们互相之间的联系。

第二，任何教学方式和课堂教学模式都不是唯一的，有基本模式，也会有灵活模式。在教学实践中，应根据班级情况、学生情况、教学内容的特点、教师的特点而灵活应用，生搬硬套是行不通的。例如，第一段"基本训练"，不是每堂课都要有，如果这堂课内容较多，可不安排；又如第四段"巩固练习"，也可同第五段"当堂检测"结合起来，因为"当堂检测"也有巩固新知识的作用。

第三，课堂教学结构主要用以解决课堂教学流程的问题，同时必须充分发挥其在教学过程中的教育作用，落实在培养人的全面发展。

第四，实施中最大的问题是时间控制，往往出现虎头蛇尾的现象，前面几段时间用多了，后面"当堂检测"就保证不了。教师必须严格控制每一段的时间，不讲空话、废话，如时间来不及可压缩第四段"巩固练习"的时间，一定要保证第五段"当堂检测"的充分开展。

《小学教学（数学版）》2018 年 4 月

第9章　小学数学标准化考试的实验研究

【简介】20世纪80年代中期，中国受欧美影响，兴起标准化考试的热潮，在高考中也逐步采用标准化考试命题。我国对标准化考试尚未深入研究。为此，我从1986—1988年用将近三年时间，进行小学数学标准化考试的研究，成立研究协作组，在全国范围内进行了四次大规模测试工作，参加测试的学生先后达40万人次。这是一次全国大协作研究，规模宏大，但没有研究经费，全凭义务，各地自愿参加。根据研究资料已写成《小学数学标准考试手册》（邱学华、叶季明、王权合作编写）一书（河南教育出版社出版），《小学数学标准化考试的预测报告》也在《小学数学教师》杂志上发表。这项研究在小学数学考试的标准化和科学化方面作了有益的尝试。

目前，我国教育界大都不用标准化考试了，但是标准化考试中的科学命题方法仍有参考价值。小学数学标准化考试全套试卷，作为考照点，仍有对比测试的参考价值。这套调查研究的方法也是值得学习的。

一、小学数学标准化考试的预测报告[1]

1. 预测经过

为了系统研究小学数学标准化考试问题，我们曾在全国范围内进行了四次预测工作。

第一次在1986年1月结合期末考试进行。选定一、二年级（人民教育出版社统编通用六年制第一、三册课本）进行实验。参加预测的有江苏、浙

---

[1] 这项研究由作者同叶季明、王权合作。参加预测工作的人员主要有：刘文元、张双龙、卢专文、金春平、葛安民、陈华、徐祥惠、王居正、刘宗基、骆祖瑶、李云飞、于秀芳、李瑞卫、王彦华、黄炳坤、胡文俊、王凤英、陈吉雄、黄晓燕、杨正林等。江苏省常州市天宁区教研室做了大量的组织工作。杭州大学教育系王权教授带领的团队负责统计分析工作。

江、安徽、河北、河南、湖南、黑龙江、北京、上海、天津、新疆、宁夏、广西等20个省、市、自治区的6万多名学生。第一次预测工作，由于规模较大，又缺乏经验，事先没有对施测者进行培训，因此无法进行精确的统计处理。但是在编制试题、组织预测队伍以及宣传标准化考试方面进行了有益的尝试，并为第二次预测工作打下了基础。

第二次在1986年6月下旬进行。测试年级仍用一、二年级（统编六年制第二、四册课本）。为了保证测试过程的标准化和统计工作的精确化，1986年6月上旬在江苏常州召开了小学数学标准化考试研究协作会议。有江苏、浙江、河南、河北、湖南、北京、上海、天津等15个省、市、自治区的30多个单位参加。会上对施测者进行了培训，明确标准化考试的目的、要求、具体做法以及统计处理方法。这样就为第二次预测工作的标准化和科学化奠定了基础。参加第二次预测的学生约有3万人，按地区抽样，选择其中近4000人作常模统计分析。

第三次在1986年12月进行。在前两次预测工作的基础上，1—6年级（统编六年制单册课本）全面铺开。这次有28个省、市、自治区的近300多个单位参加，受测学生达15万人。由于测试规模较大，为了保证预测工作顺利进行，在常州举办了讲习班，培训施测人员。在15万学生中每个年级按地区抽样，选择近3000人作常模统计，六个年级共计2万多人。预测中的几百万个数据，由杭州大学数学系教师用计算机进行统计处理，分别算出每道题目的难度、区分度，每张试卷的信度、效度以及百分等级常模量表。

第四次在1987年6月进行，测试1—6年级（统编六年制双册课本）学生达16万人，具体过程和方法同第三次基本相同。

这次测试工作，受测学生先后达40万人次。至此，预测工作告一段落。

2. 测试设计

命题标准化是标准化测验中的重要一环。我国的标准化考试工作尚处于实验阶段，教育目标分类方法、试题编制方法以及试题形式等问题均在探索之中。

（1）确定考试目的。

本测验用于期末考试，按照教学大纲和教材的要求，测定学生达到预定教学目标的程度，属于总结性的学习成绩测验。由于该测验既了解预定教学目标的完成情况，又要提出百分等级常模量表以考察不同类型学校及不同程度学生的学习水平，所以也是一种目标常模参照性测验。

（2）制定教育目标。

首先，按照教学大纲和教材（统编六年制小学数学课本）列出考查的项目，这些项目既包括知识又包括能力的要求，并分成数的概念、数的计算、数量关系、空间关系等四大类。

其次，我们参照了美国心理学家布卢姆的认识领域目标分类学说的分类方法，根据我国小学数学教学的特点，初步拟订了"学习水平分类表"，见表9-1：

表9-1 学习水平分类

类　别	说　明
识　记	"识记"是指记住学习过的材料，包括知识的再认和再现。例如，记住教学大纲中规定的运算定律、计算法则、求积公式、常用数据、数学符号的使用方法等。
理　解	"理解"是指掌握学习材料的由来及主要特征。它可以表现为将学习材料从一种形式转换成另一种形式，可以表现为解释学习材料，不但知其然，而且能知其所以然。例如，能掌握数的概念，说出计算法则的道理以及求积公式的由来等。
简单应用	"简单应用"是指将学习过的材料用于新的具体情景中，去解决一些简单问题。例如，运用计算法则、计算公式进行计算，解答应用题等。
综合应用	"综合应用"是指将学习过的多种材料综合用于新的具体情景中，去解决一些较复杂的问题。例如，进行综合运算，解答较复杂的应用题，求组合图形的面积等。
概括推理	"概括"是指将数学材料记号化、图式化、抽象化，以及从大量材料中找出规律的一种能力。"推理"是指能从已知判断推出新的判断，从正向思维转到逆向思维的能力。"概括"与"推理"是学习水平中较高级的形式。例如，填缺字算式，找数字与图形的排列规律等。

类　别	说　明
创　见	"创见"是指灵活应用学过的材料，突破通常的思维模式，提出独到的见解或解题方法，或判断材料的价值，发表自己的看法。这是学习水平的最高层次。例如，一题多解，解答新的数学问题，提出新的解法等。

把学习水平分成识记、理解、简单应用、综合应用、概括推理、创见六类，具有可测性和可行性。分类的目的是为了便于测量，便于掌握。

编制试题前，根据命题范围，排列了双向细目表。纵向是考查的项目，横向是学习水平的层次，这样就构成了设计试卷的蓝图。

（3）编拟试题。

根据双向细目表配置试题，使测量目标具体化。如果教育目标定得很科学，但试题编得不恰当，也无法达到预定的测量目的。

题目的形式是为考试目的服务的，并为其内容所制约。为了使试卷容量大、覆盖面广、评分客观省时，我们除了采用常用的计算题、文字题、应用题等形式外，适当采用了选择题（大约占30%）。每份试卷分成三部分——计算、概念、应用，便于统计和分析。

如何编拟选择题，从不同角度和不同层面考查学生掌握知识和能力的程度，这是当前一个重要的研究课题。我们参考了美国斯坦福大学的标准化试卷和日本的标准化试题，作了一些尝试。选答方式采用国际上通用的形式，在正确的答案下面的○内涂黑色，便于机器阅卷。

由于测试范围广，受测学生多，因此施测过程的控制是个重要问题。我们成立了"小学数学标准化考试研究协作组"，依靠各地教研员，由他们在各地主持施测，负责各项统计工作。

我们编制了较详尽的《考试手册》，包括：考试注意事项、教师施考指令、各年级教学要求和命题范围、双向细目表、试卷及标准答案。有些地区还成立了相应的"标准化考试研究小组"。

3. 结果与分析

根据第三次和第四次全国范围内的预测资料进行抽样统计，结果见表 9-2：

表 9-2　抽样统计结果

年级	统计人数	$\overline{x}$（平均分）	σ（标准差）	rxy（效度）	rxx（信度）
一年级（上）	2731	83.4	11.4	0.616	0.732
一年级（下）	3942	80.5	15.4	0.609	0.698
二年级（上）	2285	83.4	10.8	0.495	0.741
二年级（下）	3581	76.0	11.3	0.621	0.623
三年级（上）	2492	75.1	12.2	0.459	0.712
三年级（下）	3272	75.9	14.9	0.823	0.756
四年级（上）	2744	71.3	13.2	0.432	0.771
四年级（下）	3895	72.8	8.4	0.622	0.657
五年级（上）	2347	71.3	17.2	0.650	0.791
五年级（下）	3273	69.5	14.8	0.505	0.731
六年级（上）	2827	69.0	15.7	0.516	0.816
六年级（下）	3691	81.2	14.3	0.645	0.731

除总分外，还分概念、计算和应用三部分分别进行统计。为了科学地解释分数，了解个体的得分在考试集体中的位置，用计算机分别算出各年级的百分等级常模量表。（采用美国斯坦福标准化测验的常模量表形式）

从受测单位来看：有城市学校，也有农村学校；有沿海地区的，也有边远地区的。受测学校一般在当地属于中等偏上的水平，因此在全国有一定的代表性。以上预测成绩可以从一个侧面反映出当前的小学数学教学质量还是好的。

这次预测反映出各年级成绩比较平衡，最高是 83.4 分，最低是 69.0 分。以往，低年级成绩都在 90 分以上，中年级成绩突然下降到 60 分左右，到毕业班略有上升，整体呈现马鞍形的趋势。这说明，这次考试的命题难度是恰当的，杜绝了过去低年级成绩特别好的虚假现象。另外，预测也反映出近几年来各地重视中年级数学教学，已收到一定的效果。

对各年级试卷的效度和信度进行分析，证明试卷是符合要求的。

对各年级试题的难度进行分析，通过率最高的是 0.96，最低的是 0.29，大多在 0.6—0.8 之间，呈现出不同层次的难度，这说明试卷题目难度配置是合理的。因为这次考试是学习成绩测验，必定有基本题、综合题和思考题，所以试题应该有不同的难度。

4. 初步结论

（1）标准化考试工作面广、量大，是一项极其复杂的系统工程，必须依靠全国各地的教研员和教师互相协作，共同努力才能完成。特别要把各地的教研员组织起来，采用研究协作组的形式是行之有效的。

（2）标准化考试有明确的教学目标，试卷覆盖面大，难度适中。教师教学和检查都有了依据，许多受测单位反映，实施了标准化考试，既推动了考试方法的改革，又减轻了师生的负担。实践证明，标准化考试有利于大面积提高教学质量，又让大家乐于接受。因此，标准化考试是值得研究的。

（3）标准化考试不能照搬国外的一套做法，应根据我国教育的特点，在教育目标分类、试题编制等方面走自己的路，研究一套具有中国特色的标准化考试的制度和方法。

（4）编拟试题是标准化考试中的重要环节，试题编得科学合理，才能体现教育目标。当前研究的重点应该放在编拟试题和题目分析上，并逐步建立题库。

（5）考试是一种手段，必须为全面提高教学质量服务。推行标准化考试应该同促进教师改进教学方法结合起来，二者同步进行。

《小学数学教师》（1988 年第 4 期）

二、全套小学数学标准化考试试卷

一年级（下）数学

期末考试试卷

平均分	80.5	信度	0.697
标准差	15.4	效度	0.609

第一部分

1. 口算（直接写得数，每题 0.5 分，共 24 分）（$P=0.939$　$D=0.550$）

12+4=	26−3=	9+60=
80−30=	43+30=	57−7=
40−5=	7+63=	87+8=
25+9=	98−9=	74−6=
5×3=	3×4=	4×4=
（　　）×2=4	2×（　　）=6	2×（　　）=10
4+5+9=	8+20+8=	80−20−7=
21−7−7=	20−9−10=	82+8−50=
40+45=	92−7=	33+8=
4+59=	56+7=	69−7=
69−50=	5+62=	3+92=
25−8=	79−70=	75−9=
4×2=	5×1=	5×5=
（　　）×3=9	4×（　　）=1	6（　　）×1=3
7+9+6=	12+9−5=	33+5+7=
42−8+6=	91−30+9=	72−10−2=

2. 用竖式计算下面各题（每个竖式 3 分，共 12 分）（$P=0.916$　$D=0.587$）

（1）56+24=　　　（2）70−37=　　　（3）6+75−27=

3. 列式计算下面各题（每题 4 分，共 8 分）（$P=0.887$　$D=0.522$）

（1）53 比 34 大多少？

（2）乘数是 5，被乘数是 3，积是多少？

第二部分

选择题（每题 2 分，共 28 分）

（1）数一数，下面共有几颗★。　　　　　　（P=0.992　D=0.132）

★ ★ ★ ★ ★ ★ ★ ★ ★ ★
★ ★ ★ ★ ★ ★ ★ ★ ★ ★
★ ★ ★ ★ ★ ★ ★ ★ ★ ★

27　　　　　　40　　　　　　30　　　　　　33
○　　　　　　○　　　　　　○　　　　　　○

（2）5个十和3个一是　　　　　　　　　　　（P=0.984　D=0.128）

35　　　　　　503　　　　　　513　　　　　　53
○　　　　　　○　　　　　　○　　　　　　○

（3）四十六写作：　　　　　　　　　　　　　（P=0.935　D=0.305）

406　　　　　　46　　　　　　416　　　　　　64
○　　　　　　○　　　　　　○　　　　　　○

（4）19，90，91和89中最大的数是：　　　　　（P=0.929　D=0.173）

19　　　　　　90　　　　　　91　　　　　　89
○　　　　　　○　　　　　　○　　　　　　○

（5）空格里填几?　　　　　　　　　　　　　（P=0.890　D=0.341）

| 50 | | 48 |

51　　　　　　49　　　　　　47　　　　　　52
○　　　　　　○　　　　　　○　　　　　　○

（6）63的十位数上的数是　　　　　　　　　　（P=0.716　D=0.282）

6　　　　　　60　　　　　　3　　　　　　63
○　　　　　　○　　　　　　○　　　　　　○

（7）减数是30的算式是　　　　　　　　　　　（P=0.780　D=0.416）

30+23　　　　75–30　　　　30–18　　　　2×30
○　　　　　　○　　　　　　○　　　　　　○

（8）看图列式　　　　　　　　　　　　　　　（P=0.814　D=0.350）

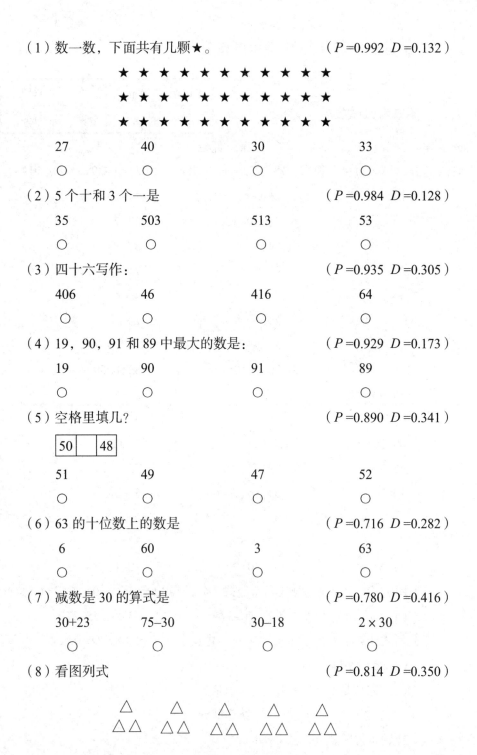

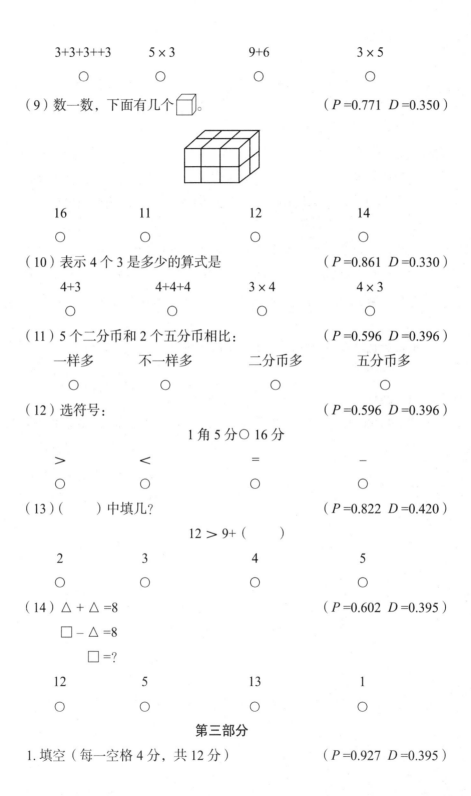

$$3+3+3++3 \qquad 5 \times 3 \qquad 9+6 \qquad 3 \times 5$$

○ ○ ○ ○

（9）数一数，下面有几个 ▱。　　　　　　　　　（ $P=0.771$　$D=0.350$ ）

16　　　　　11　　　　　12　　　　　14

○ ○ ○ ○

（10）表示 4 个 3 是多少的算式是　　　　　　　　　（ $P=0.861$　$D=0.330$ ）

$$4+3 \qquad 4+4+4 \qquad 3 \times 4 \qquad 4 \times 3$$

○ ○ ○ ○

（11）5 个二分币和 2 个五分币相比：　　　　　　　　（ $P=0.596$　$D=0.396$ ）

一样多　　　　不一样多　　　　二分币多　　　　五分币多

○ ○ ○ ○

（12）选符号：　　　　　　　　　　　　　　　　　（ $P=0.596$　$D=0.396$ ）

1 角 5 分○ 16 分

$$> \qquad < \qquad = \qquad -$$

○ ○ ○ ○

（13）（　　　）中填几?　　　　　　　　　　　　　（ $P=0.822$　$D=0.420$ ）

12 > 9+（　　　）

2　　　　　3　　　　　4　　　　　5

○ ○ ○ ○

（14）△ + △ =8　　　　　　　　　　　　　　　（ $P=0.602$　$D=0.395$ ）

□ – △ =8

□ =?

12　　　　　5　　　　　13　　　　　1

○ ○ ○ ○

第三部分

1.填空（每一空格 4 分，共 12 分）　　　　　　　　（ $P=0.927$　$D=0.395$ ）

（1）每个小队有 5 个人，3 个小队共有（　　　）人。

（2）少先队员做纸盒，第一组做 43 个，第二组做 38 个。

①两个组一共做了（　　　）个纸盒。

②第一组比第二组多做（　　　）个纸盒。

（$P=0.805$　$D=0.586$）

2. 应用题（每题 5 分，共 10 分。列式 3 分，计算 1 分，答案 1 分）

（1）同学们分 4 组跳绳，每组 5 个同学，一共有多少个同学？

（$P=0.805$　$D=0.586$）

（2）一个工厂两天各装了 20 台机器，还有 24 台没有装，这个工厂一共要装多少台机器？

（$P=0.796$　$D=0.167$）

3. 根据算式选问题，把算式和有关的问题用线连起来（每题 3 分，共 6 分）

前进养鸡场有 90 箱鸡蛋，第一次运出 26 箱，第二次运出 18 箱。

（$P=0.624$　$D=0.537$）

（1）26+18

（2）90–26–18

第一次比第二次多运出多少箱？

两次一共运出多少箱鸡蛋？

还有多少箱鸡蛋没有运出？

第二次比第一次少运出多少箱？

二年级（下）数学

期末考试试卷

| 平均分 | 76.0 | 信度 | 0.622 |
| 标准差 | 11.3 | 效度 | 0.621 |

第一部分

1. 口算（直接写得数，每题 0.5 分，共 24 分）（P =0.965 D =0.381）

86−13=	43+35=	53−32=
47+28=	60−13=	54−16=
76−15=	27+26=	65+27=
2900+700=	6900−600=	70+270=
40÷7=	16×3=	47÷6=
23×3=	57÷8=	15×5=
600×8=	500×6=	300×4=
6+8+4=	3×5×2=	32−6−8=
75+73=	99−65=	72+26=
81−36=	29=34=	90−31=
56−29=	100−42=	24+58=
920−30=	900+1100=	5050−50=
56÷9=	85÷9=	30÷4=
12×2=	25×4=	14×4=
90×7=	50×8=	800×8=
4×9÷6=	5+35−80=	78−7+2=

2. 用竖式计算下面各题（要求验算的题要列出验算的竖式。每题 3 分，验算 2 分，共 14 分。）　　　　　　　　　　（P =0.860 D =0.495）

（1）745+2638+347　（2）4020−869（要验算）

（3）346×9　　　（4）1060×5

3. 列式计算下面各题（每题 3 分，共 6 分）　　　　　（P =0.792 D =0.469）

（1）甲数是 50，比乙数小 20，乙数是多少？

（2）240 的 5 倍是多少？

第二部分

选择题（每题 2 分，共 28 分）

（1）表示 7 个千，5 个十，3 个一的数是　　　　（ P =0.840　D =0.412）

753　　　　　7530　　　　　7053　　　　　7503

○　　　　　○　　　　　○　　　　　○

（2）3754 中的 3 表示　　　　（ P =0.955　D =0.123）

3 个百　　　　3 个千　　　　3000 个千　　　　千位

○　　　　　○　　　　　○　　　　　○

（3）用 2、4、7、0 四个数字组成的数中最大的数是（ P =0.965　D =0.275）

2740　　　　　7240　　　　　7402　　　　　7420

○　　　　　○　　　　　○　　　　　○

（4）可以读作 5 乘 10 的算式是：　　　　（ P =0.785　D =0.190）

5 × 10　　　　5+10　　　　10 × 5　　　　10 ÷ 5

○　　　　　○　　　　　○　　　　　○

（5）比大小，选符号：　　　　（ P =0.903　D =0.378）

1 米 ○ 10 厘米

>　　　　　<　　　　　=　　　　　—

○　　　　　○　　　　　○　　　　　○

（6）半千克是：　　　　（ P =0.931　D =0.172）

5 克　　　　50 克　　　　500 克　　　　5000 克

○　　　　　○　　　　　○　　　　　○

（7）一条黄瓜长 25 （　　　）　　　　（ P =0.941　D =0.259）

米　　　　厘米　　　　毫米　　　　米

○　　　　　○　　　　　○　　　　　○

（8）一棵青菜重 150 （　　　）　　　　（ P =0.941　D =0.188）

厘米　　　　千克　　　　克　　　　毫米

○　　　　　○　　　　　○　　　　　○

（9）这支笔的长度为　　　　（ P =0.769　D =0.157）

4 厘米　　　　4 厘米 2 毫米　　　　3 厘米 9 毫米　　　　5 厘米

○　　　　　○　　　　　○　　　　　○

（10）钟面上指的时间是 （$P=0.660$ $D=0.246$）

    10：09   2：50   1：10   1：50

    ○   ○   ○   ○

（11）从下午 1 点到 3 点经过的时间是 （$P=0.799$ $D=0.240$）

    2 点   3 点   2 小时   3 小时

    ○   ○   ○   ○

（12）空格里填几？ （$P=0.681$ $D=0.231$）

$$\frac{3}{18}\quad\frac{4}{24}\quad\frac{5}{30}\quad\frac{(?)}{48}$$

    6   3   8   10

    ○   ○   ○   ○

（13）$\triangle + \triangle + \square =23$ （$P=0.653$ $D=0.291$）

        $\triangle + \square =19$

        $\square =?$

    42   4   15   23

    ○   ○   ○   ○

（14）剪下的一块是什么形状？ （$P=0.556$ $D=0.102$）

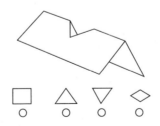

第三部分

1.填空（每个空格 3 分，共 12 分） （$P=0.856$ $D=0.480$）

（1）西门小学一年级有学生 81 人，二年级的学生人数比一年级多 9 人。

①二年级有（　　　）人。

②两个年级一共有（　　　）人。

（2）每节车厢装粮食300包，9节车厢共装（　　　）包。后来又装上120包，一共有（　　　）包粮食。　　　　　　　　　　（P=0.725 D=0.527）

2. 应用题（每题6分，共12分。列式3分，计算2分，答案1分）

（1）一只足球售价是一只皮球售价的8倍。一只皮球售价2元，一只足球多少钱？

（P=0.832 D=0.412）

（2）水果店里桔子和苹果一共有200千克，其中桔子有80千克。苹果比桔子多多少千克？　　　　　　　　　　　　（P=0.606 D=0.585）

3. 根据算式选条件，把正确的条件填入空格内（共4分）

（P=0.689 D=0.477）

黑金鱼有10条，＿＿＿＿＿＿＿＿花金鱼有多少条？

（黑金鱼比花金鱼多5条；黑金鱼比花金鱼少5条；花金鱼的条数是黑色金鱼的5倍）

10+5=15（条）

答：花金鱼有15条。

三年级（下）数学

平均分	75.9	信度	0.714
标准差	12.9	效度	0.756

期末考试试卷

第一部分

1. 直接写出下面各题的得数（一步计算式题，每题 0.5 分；两步计算式题，每题 1 分，共 20 分）   （P =0.940 D =0.348）

2900+700=	920−30=	560+380=
355−198=	460+199=	363−299=
14×5=	60÷8=	87×4=
75÷5=	42×3=	48÷3=
10×100=	50×40=	82×20=
224×3=	840÷4=	345×3=
1000−320=	8×8+8=	773−78−22=
516+97=	219−150−50=	61−7×8=
34×6=	300÷（60−54）=	542−（42÷70）=
73÷7=	356−56+4=	4800÷3=
320÷50=	4×0+8=	

2. 用竖式计算下面各题（每题 2 分，共 6 分）

（1）70210−64315   （P =0.897 D =0.166）

（2）186×74   （P =0.888 D =0.239）

（3）230×408   （P =0.868 D =0.053）

3. 写出下面各题的计算过程（怎样算简便就怎样算。每题 3 分，共 9 分）

（1）2946−64−236   （P =0.891 D =0.327）

（2）12000÷8+13×110   （P =0.835 D =0.348）

（3）7000−（61+85×78）   （P =0.805 D =0.364）

4. 列式计算下面各题（每题 2.5 分，共 5 分）

（1）7 除 350 的商加上 24，得数是多少？   （P =0.944 D =0.209）

（2）60 与 48 的差，同 192 相乘，积是多少？   （P =0.815 D =0.208）

第二部分

选择题（每题 2 分，共 30 分）

（1）六位数的最高位是　　　　　　　　　　　　（P =0.914　D =0.181）

万位　　　　　十万位　　　　　百万位　　　　　六位

○　　　　　　○　　　　　　○　　　　　　○

（2）10 个一千万是　　　　　　　　　　　　　　（P =0.699　D =0.311）

一万　　　　　十万　　　　　一亿　　　　　十亿

○　　　　　　○　　　　　　○　　　　　　○

（3）下面的数中，一个零也不读出来的数是：　　（P =0.983　D =0.268）

320600　　　　3026000　　　302600　　　　30060

○　　　　　　○　　　　　　○　　　　　　○

（4）二千一百万零九十写作　　　　　　　　　　（P =0.921　D =0.118）

21000090　　21000090　　21000000090　　210090

○　　　　　　○　　　　　　○　　　　　　○

（5）下面的数中，最大的数是　　　　　　　　　（P =0.598　D =0.268）

684880　　　　98698　　　　691001　　　　最小的七位数

○　　　　　　○　　　　　　○　　　　　　○

（6）5 个十万和 6 个一千组成的数是　　　　　　（P =0.921　D =0.304）

56000　　　　5000006000　　506000　　　　5006000

○　　　　　　○　　　　　　○　　　　　　○

（7）把 804500 四舍五入到万位的近似数是　　　（P =0.889　D =0.200）

80 万　　　　8 万　　　　81 万　　　　80

○　　　　　　○　　　　　　○　　　　　　○

（8）最接近 7 亿的数是：　　　　　　　　　　　（P =0.559　D =0.209）

649999999　　40900000　　750000000　　651000000

○　　　　　　○　　　　　　○　　　　　　○

（9）下面算盘图上表示的算式是　　　　　　　　（P =0.757　D =0.299）

79×96 96×780 906×780 34×502

○   ○   ○   ○

（10）5 千米 80 米是多少米？   （$P =0.854$ $D =0.273$）

580 米   5800 米   500080 米   5080 米

○   ○   ○   ○

（11）10900 千克合多少吨多少千克？   （$P =0.661$ $D =0.163$）

10 吨 900 千克   1 吨 900 千克   109 吨   1 吨 90 千克

○   ○   ○   ○

（12）比一比，选符号。   （$P =0.954$ $D =0.199$）

3 吨（   ）2000 千克

>   <   =   ≈

○   ○   ○   ○

（13）根据下面一列图形推想一下空格中应填的图形。（$P =0.508$ $D =0.342$）

| ⊏ | ⊐ | ⊔ | |

⊏   ⊐   ⊔   ⊓

○   ○   ○   ○

（14）在屋角堆积着的相同立方体共有多少块？   （$P =0.697$ $D =0.264$）

10 块   15 块   18 块   20 块

○   ○   ○   ○

（15）□ + □ + △ + ○ =42   （$P =0.592$ $D =0.373$）

□ + △ + △ + ○ =39

△ =10   □ =?

7	13	19	29
○	○	○	○

第三部分

1. 填空（每空 2 分，共 10 分）

（1）修路队修好的公路长 7300 米，比没有修好的公路少 300 米。

（P =0.658 D =0.584）

①没有修好的公路长（　　　）米。　　　②这条公路全长（　　　）米。

（2）小明看一本书，第一天看 40 页，第二天看的页数是第一天的 3 倍，第三天看的页数正好是前两天看的页数的和。　　　（P =0.686 D =0.575）

①第二天比第一天多看（　　　）页。

②第三天看了（　　　）页。

（3）根据 12×4=48，6×48=288，列成一个综合算式是：（P =0.632 D =0.511）

（　　　　　　　　　　　　　）

2. 应用题（每题 5 分，共 20 分）

（1）甲城到乙城共 960 千米，一列火车从甲城开往乙城，每小时行驶 80 千米，行驶了 11 个小时，离乙城还有多少千米？　　　（P =797 D =0.450）

（2）建筑工地运来 4 车水泥，每车 75 袋，每袋 50 千克。一共运来水泥多少千克？　　　（P =0.862 D =0.520）

（3）某人从甲地到乙地，前两个小时一共走了 48 千米，第三个小时走了 30 千米到乙地。某人从甲地到乙地平均每小时走多少千米？

（P =0.532 D =0.595）

（4）把一根 6 米长的铁丝截下 6 段后，还剩下 60 厘米，截下的每段平均长多少厘米？　　　（P =0.613 D =0.704）

四年级（下）数学

平均分	72.8	信度	0.622
标准差	8.4	效度	0.657

期末考试试卷

第一部分

1. 口算（直接写出下面各题的得数。每题 0.5 分，共 15 分）

（P =0.951 D =0.540）

34+58=　　　　　　100–47=　　　　　　63–28=

1.2+4.3=　　　　　　4.8–4=　　　　　　0.5×10=

10–0.7=　　　　　　8.7+2=　　　　　　6.5+2.3=

90÷5=　　　　　　34×6=　　　　　　70×7=

12×400=　　　　　　1300×5=　　　　　　3000÷6=

79÷79=　　　　　　0÷28=　　　　　　35×1=

3.4×100=　　　　　　0.05÷10=　　　　　　20÷100=

25+30+75=　　　　　　5×17×20=

4.3+2.5+3=　　　　　　500–500÷10=

45×2+45=　　　　　　840÷4+0=

90÷（15×2）=　　　　　　64–4×（6+4）=

25+25×（25–25）=

2. 求未知数（每题 2 分，共 6 分）　　　　　　（P =0.935 D =0.328）

（1）9–x=7.05　　　　　　（2）32×x=300

（3）x÷17=488

3. 回答下面的问题（每题 2 分，共 4 分）　　　　　　（P =0.813 D =0.378）

（1）根据 1207–488=719，直接说出下面的得数。

719 与 488 的和是（　　　　）。

1207 与 719 的差是（　　　　）。

（2）74×9+9×26=（74+56）×9 应用的运算定律是

加法交换律　　　乘法结合律　　　　乘法分配律　　　　加法结合律

　○　　　　　　○　　　　　　　○　　　　　　　○

4. 写出下面各题的计算过程（每题 3 分，共 9 分）（P =0.821 D =0.435）

（1）5.34+14.76+4.66+5.24

（2）4640–124×36+8874÷29

（3）130–［26×4–（123–27）÷8］

5.列式计算下面各题（每题3分，共6分） （*P*=0.753 *D*=0.521）

（1）100减去7.8加上0.78的和，差是多少？

（2）705减去395的差，除310所得的商，再乘以37的积是多少？

第二部分

1.选择题（每一个正确答案2分，共30分）（注意一题可能有两个正确答案）

（1）下面的正方形表示整数"1"，图中阴影部分表示

（*P*=0.911 *D*=0.272）

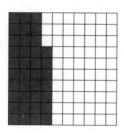

| 37 | 3.7 | 0.37 | 0.037 |
| ○ | ○ | ○ | ○ |

（2）43个0.1组成的数是： （*P*=0.691 *D*=0.354）

| 0.43 | 43.1 | 0.043 | 4.3 |
| ○ | ○ | ○ | ○ |

（3）3.0015读作 （*P*=0.984 *D*=0.090）

| 三点十五 | 三点零一五 | 三点零零一五 | 三点零十五 |
| ○ | ○ | ○ | ○ |

（4）选符号。14.3（ ）14.300 （*P*=0.953 *D*=0.110）

| ＞ | ＜ | ＝ | ≈ |
| ○ | ○ | ○ | ○ |

（5）下面的数中，最小的数是 （*P*=0.96 *D*=0.185）

| 0.37 | 0.369 | 0.287 | 0.3 |
| ○ | ○ | ○ | ○ |

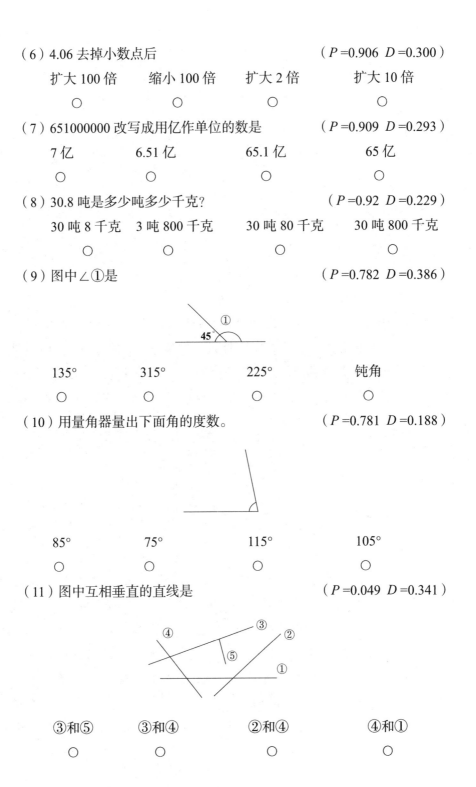

（6）4.06 去掉小数点后　　　　　　　　　　　　（P =0.906　D =0.300）

    扩大 100 倍　　　　缩小 100 倍　　　　扩大 2 倍　　　　扩大 10 倍

    ○　　　　　　　　○　　　　　　　　○　　　　　　　　○

（7）651000000 改写成用亿作单位的数是　　　　（P =0.909　D =0.293）

    7 亿　　　　　　　6.51 亿　　　　　　65.1 亿　　　　　65 亿

    ○　　　　　　　　○　　　　　　　　○　　　　　　　　○

（8）30.8 吨是多少吨多少千克?　　　　　　　　　（P =0.92　D =0.229）

    30 吨 8 千克　　3 吨 800 千克　　　30 吨 80 千克　　　30 吨 800 千克

    ○　　　　　　　　○　　　　　　　　○　　　　　　　　○

（9）图中∠①是　　　　　　　　　　　　　　　　（P =0.782　D =0.386）

    135°　　　　　　　315°　　　　　　　225°　　　　　　钝角

    ○　　　　　　　　○　　　　　　　　○　　　　　　　　○

（10）用量角器量出下面角的度数。　　　　　　　（P =0.781　D =0.188）

    85°　　　　　　　75°　　　　　　　115°　　　　　　105°

    ○　　　　　　　　○　　　　　　　　○　　　　　　　　○

（11）图中互相垂直的直线是　　　　　　　　　　（P =0.049　D =0.341）

    ③和⑤　　　　　　③和④　　　　　　②和④　　　　　④和①

    ○　　　　　　　　○　　　　　　　　○　　　　　　　　○

（12）1987 年 1 月 1 日是星期四，5 月 1 日是 　（P =0.573　D =0.415）

星期五　　　　　星期六　　　　　　星期日　　　　　　星期一
　○　　　　　　　○　　　　　　　○　　　　　　　○

（13）把下面左图叠在右图上，得到的新图形是 　（P =0.800　D =0.257）

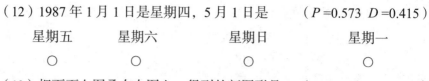

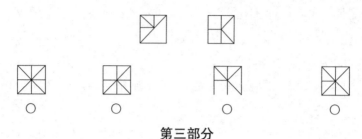
　○　　　　　○　　　　　　　○　　　　　　○

第三部分

1.作图和计算（每题 2 分，共 4 分）

（1）画一长 3 厘米，宽 2.5 厘米的长方形。 　（P =0.344　D =0.146）

（2）现有两只蚂蚁沿着周长是 11 厘米的长方形四周从同一点向不同方向爬行。蚂蚁甲每秒钟爬行 0.6 厘米，蚂蚁乙每秒钟爬行 0.4 厘米。（　　　）秒钟后两只蚂蚁相遇。 　（P =0.413　D =0.158）

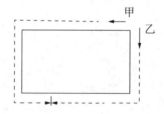

2.应用题（每题 5 分，共 20 分）

（1）某车间计划 40 天生产 3600 个机器零件，实际只用了 36 天就完成了任务。实际每天比计划多生产多少个零件？ 　（P =0.875　D =0.433）

（2）小红和小明从相距 900 米的两地同时相向而行。小红每分钟走 78 米，小明每分钟走 78 米。5 分钟后两人相距多少米？ 　（P =0.801　D =0.540）

（3）食堂买来一批煤，用去的比剩下的一半少 40 千克，现在还剩下 980 千克。这批煤原来共有多少千克？ 　（P =0.533　D =0.575）

（4）工地运来 14 吨水泥，第一周用了 3.5 吨，第二周用的比第一周多 1.25 吨。还剩下多少吨水泥？ 　（P =0.676　D =0.432）

3. 选择题（6分）　　　　　　　　　　　　　　　（$P=0.47$　$D=0.276$）

一个食堂有 4 吨面粉。7 天用面粉 1120 千克，照这样计算，这些面粉还可以用多少天？

$1120 \div 7 \times 4$
○

$4000 \div (1120 \div 7) - 7$
○

$(4000 - 1120) \div (1120 \div 7)$
○

$4000 \div (1120 \div 7)$
○

五年级（下）数学

期末考试试卷

平均分	69.5	信度	0.505
标准差	14.8	效度	0.671

第一部分

1. 口算（直接写出下面各题的得数。一步计算式题，每题 0.5 分；两步计算式题，每题 1 分，共 10 分）　　　　　　　　　　（$P=0.919$　$D=0.578$）

$\dfrac{6}{7}-\dfrac{2}{7}=$ 　　　　　$\dfrac{4}{5}+\dfrac{2}{5}=$ 　　　　　$\dfrac{5}{8}-\dfrac{1}{8}=$

$\dfrac{6}{10}-\dfrac{9}{10}=$ 　　　　$6+2\dfrac{5}{7}=$ 　　　　　$4-1\dfrac{3}{7}=$

$1\dfrac{3}{5}+2\dfrac{2}{5}=$ 　　　　$5\dfrac{6}{5}-\dfrac{1}{6}=$ 　　　　$0.5+\dfrac{1}{2}=$

$\dfrac{1}{4}-0.25=$ 　　　　　$\dfrac{3}{8}+0.375=$ 　　　　$1\dfrac{9}{20}-0.05=$

$5-1\div0.2=$ 　　　　　$1.2\times（6-5.6）=$

$1+2\div3=$ 　　　　　$2.5\times1.7\times4=$

2. 计算下面各题（每题 2 分，共 6 分）　　　　（$P=0.845$　$D=0.476$）

（1）$8\dfrac{8}{12}-3\dfrac{11}{15}=$ 　　（2）$7.532+1\dfrac{9}{25}+0.468=$

（3）$6.5-2\dfrac{3}{4}+1\dfrac{1}{6}=$

3. 解下列方程（每题 3 分，共 6 分）　　　　　（$P=0.860$　$D=0.507$）

（1）$x-（3\dfrac{5}{6}+2\dfrac{7}{8}）=1\dfrac{13}{24}$

（2）$48-2.4x=28.8$

4. 写出下面各题的计算过程（每题 3 分，共 6 分）（$P=0.845$　$D=0.468$）

（1）已知 a=5.4，b=7.6，c=4.5，求 ab+4c 的值。

（2）$6.2\times（97-14.25\div0.5）$

5. 用式子表示下面的数量关系（共 2 分）　　　　（$P=0.852$　$D=0.209$）

一个数的 2 倍比 $9\dfrac{3}{10}$ 与 $3\dfrac{1}{2}$ 的差还多 1.5

$2x-9\dfrac{3}{10}-3\dfrac{1}{2}=1.5$ 　　　　　　　$2x-（9\dfrac{3}{10}-3\dfrac{1}{2}）=1.5$
　　　　〇　　　　　　　　　　　　　　　　　　　　　〇

$$2x-\left(9\frac{3}{10}-3\frac{1}{2}\right)+1.5 \qquad\qquad \left(9\frac{3}{10}-3\frac{1}{2}\right)-2x=1.5$$

○ ○

第二部分

1.选择题（每一个正确答案 2 分，共 24 分。）（注意一题可能有两个正确的答案）

（1）第一个数能被第二个数整除的是 （ $P=0.812$ $D=0.163$ ）

15 和 2	3 和 18	1.5 和 0.5	24 和 6
○	○	○	○

（2）2 和 7 都是 （ $P=0.712$ $D=0.128$ ）

质数	互质数	质因数	约数
○	○	○	○

（3）既能被 3 整除又能被 5 整除的数是 （ $P=0.971$ $D=0.231$ ）

230	710	825	395
○	○	○	○

（4）18 和 24 的最小公倍数是 （ $P=0.916$ $D=0.168$ ）

6	48	36	72
○	○	○	○

（5） （ $P=0.715$ $D=0.226$ ）

```
        A
|———+———•—+———→
0   1     2
```

直线上点 A 表示

$\frac{1}{4}$	1.1	$1\frac{1}{3}$	$2\frac{2}{3}$
○	○	○	○

（6）把一根长 3 米的绳子平均分成 8 段，每段的长度是： （ $P=0.538$ $D=0.395$ ）

$\frac{3}{8}$	$\frac{3}{8}$ 米	这根绳子的 $\frac{1}{8}$	这根绳子的 $\frac{3}{8}$
○	○	○	○

（7）与 $\frac{6}{24}$ 相等的分数是 （ $P=0.652$ $D=0.340$ ）

$$\frac{1}{4} \qquad \frac{3}{8} \qquad \frac{9}{36} \qquad \frac{13}{48}$$

○　　　　　　　○　　　　　　　○　　　　　　　○

（8）在 3.15、$\frac{22}{7}$、3.152、$3\frac{1}{6}$ 四个数中最小的数是　（$P=0.828$　$D=0.167$）

$$3.15 \qquad\qquad \frac{22}{7} \qquad\qquad 3.152 \qquad\qquad 3\frac{1}{6}$$

○　　　　　　　○　　　　　　　○　　　　　　　○

（9）两个数是互质数，它们的公约数是　　　　　（$P=0.750$　$D=0.362$）

　较小的数　　　　1　　　　　　两个数的乘积　　无法确定

　○　　　　　　○　　　　　　　　○　　　　　　○

（10）下面的分数中，最简分数是　　　　　　　（$P=0.586$　$D=0.278$）

$$\frac{15}{27} \qquad\qquad \frac{21}{8} \qquad\qquad \frac{13}{91} \qquad\qquad 1\frac{35}{42}$$

○　　　　　　　○　　　　　　　○　　　　　　　○

2. 是非题（每题 2 分，共 6 分）

（1）假分数都比 1 大。（　　　）　　　　　　（$P=0.854$　$D=0.200$）

（2）15 分钟等于 0.25 小时。（　　　）　　　（$P=0.872$　$D=0.273$）

（3）合数都是偶数。（　　　）　　　　　　　（$P=0.916$　$D=0.279$）

3. 填空题（每题 2 分，共 4 分）　　　　　　　（$P=0.976$　$D=0.070$）

（1）$\frac{7}{8}$ 的分数单位是（　　　），$3\frac{2}{7}$ 里面有（　　　）个 $\frac{1}{7}$。

（2）$\frac{2}{7}=\frac{2+4}{7+（\ \ ）}$　　　　　　　　　（$P=0.788$　$D=0.423$）

第三部分

1. 填空题（每空 2 分，共 8 分）

（1）商店运来 8 筐苹果和 x 筐梨，每筐苹果重 22 千克，每筐梨重 23 千克。　　　　　　　　　　　　　　　　　　（$P=0.849$　$D=0.438$）

①商店运来梨（　　　）千克。

②商店运来的苹果比梨少（　　　）千克。

（2）甲、乙两人生产同样的零件，甲 3 小时生产 10 个，乙生产 1 个零件需要 $\frac{3}{11}$ 小时。　　　　　　　　　　　　（$P=0.544$　$D=0.451$）

①两人完成同样数量的一批零件，（　　　）用的时间多。

②两人共同加工一批零件，（　　　）生产的零件个数多。

2. 应用题（每题 6 分，其中列式 3 分，计算 2 分，答案 1 分，共 24 分）

（1）饲养小组今年养鸡 420 只，比去年养鸡总数的 2 倍少 100 只。去年养鸡多少只？　　　　　　　　　　　　　　　　　（$P=0.471$　$D=0.571$）

（2）一个三角形的面积是 37 平方厘米，已知高是 14.8 厘米，求底边。　　　　　　　　　　　　　　　　　　　　　　　　　（$P=0.877$　$D=0.559$）

（3）利群粮厂第一天生产红糖 $26\frac{4}{6}$ 吨，第二天生产红糖 30.6 吨，第三天比前两天生产的总和少 $27\frac{3}{10}$ 吨，三天一共生产多少吨？

（$P=0.875$　$D=0.409$）

（4）A、B、C、D 四个城市的位置如下图。从 A 市到 C 市的距离是 AD 的 $\frac{5}{8}$，从 B 市到 D 市的距离是 AD 的 $\frac{7}{8}$。从 B 市到 C 市的距离是 AD 的几分之几？　　　　　　　　　　　　　　　　　（$P=0.305$　$D=0.416$）

3. 回答下面问题（4 分）

甲、乙、丙、丁四人分一个西瓜，甲和乙要求各分得 $\frac{3}{10}$，丙和丁要求两人共分得 $\frac{5}{11}$。这样分西瓜可以吗？为什么？　　　（$P=0.598$　$D=0.073$）

六年级（下）数学

期末考试试卷

平均分	81.2	信度	0.510
标准差	14.3	效度	0.731

第一部分

1. 直接写出下面各题的得数（每题1分，共9分）（$P=0.927$ $D=0.393$）

$6.3+7=$ $\qquad$ $9-7\frac{2}{3}=$

$7.35-5\frac{4}{5}=$ $\qquad$ $\frac{7}{8}\times\frac{16}{35}=$

$0.09\div1.8=$ $\qquad$ $\frac{4}{15}\div3.2=$

$9\frac{1}{3}-4.8-3.2=$ $\qquad$ $1-0.4\div\frac{4}{5}=$

$(1\frac{1}{5}+\frac{1}{3})\times1\frac{2}{3}=$

2. 求未知数 x 的值（每题2分，共4分）

（1）解方程：$3\frac{1}{6}-\frac{3}{5}x=1\frac{2}{3}$

（2）解比例：$\frac{5}{7}=\dfrac{\frac{5}{6}}{x}$

3. 化简（4分）

$$\dfrac{5-3\frac{7}{8}}{1\frac{4}{5}+2\frac{1}{4}\times\frac{1}{3}}$$
（$P=0.797$ $D=0.457$）

4. 计算：（5分）

$[11.95-(4\frac{3}{20}+2.1\times2\frac{4}{7})]\div(1.65-\frac{3}{4})$ （$P=0.802$ $D=0.449$）

5. 计算（4分）

$\frac{7}{13}\times0.8+\frac{1}{13}\times\frac{4}{5}+\frac{4}{13}\times80\%$ （$P=0.886$ $D=0.371$）

6. 列式计算（4分）

一个数减少它的 $\frac{5}{12}$ 后等于 $\frac{5}{12}$，这个数是多少？ （$P=0.428$ $D=0.496$）

第二部分

1.选择题（每一个正确答案2分，共20分）（注意一题可能有两个正确答案）

（1）下面的图形中，是扇形的有　　　　　　　　　　（P =0.745　D =0.199）

○　　　　　　　　○　　　　　　　　○　　　　　　　　○

（2）与圆锥等底等高的圆柱体的体积，是圆锥体积的

（P =0.895　D =0.274）

3倍　　　　　　　$\frac{1}{3}$　　　　　　　2倍　　　　　　　$\frac{2}{3}$

○　　　　　　　　○　　　　　　　　○　　　　　　　　○

（3）某地上半年月平均气温是3℃、5℃、10℃、16℃、22℃、28℃。为了表现出气温变化的情况，可以把它制成：　　　　（P =0.727　D =0.289）

统计表　　　　　条形统计图　　　　　折线统计图　　　　　扇形统计图

○　　　　　　　　○　　　　　　　　○　　　　　　　　○

（4）比例尺 0　　400米　　800米　表示图上距离和实际距离的比是

1：400　　　　　1：800　　　　　1：4000　　　　　1：40000

○　　　　　　　　○　　　　　　　　○　　　　　　　　○

（P =0.482　D =0.257）

（5）下面每一组中的两个比可以组成比例的有　　　（P =0.744　D =0.208）

10：12和35：42　　　　　　　　　　$\frac{20}{10}$ 和 $\frac{60}{20}$

○　　　　　　　　　　　　　　　　　○

$\frac{1}{2}$：$\frac{1}{3}$和$\frac{12}{8}$　　　　　　　　0.06：0.2和$\frac{3}{4}$：$\frac{1}{4}$

○　　　　　　　　　　　　　　　　　○

（6）运一堆货物，每运的吨数和运的次数　　　（P =0.877　D =0.023）

不成比例关系　　　　　　　　　成正比例关系

○　　　　　　　　　　　　　　○

成反比例关系　　　　　　　　　以上答案都不对
　　　　○　　　　　　　　　　　　　　○

（7）一个半圆形，半径是 r，它的周长是　　　　　（$P=0.445$　$D=0.446$）

$2\pi r \times \dfrac{1}{2}$　　　　　　$2\pi r + r$　　　　　　$\pi r + 2r$　　　　　　$\dfrac{1}{2}\pi r^2$
　　○　　　　　　　　　○　　　　　　　　○　　　　　　　　○

（8）甲数是乙数的 $1\dfrac{2}{5}$ 倍，那么乙数与甲数的比是

7：5　　　　　　5：7　　　　　　2：7　　　　　　2：5
　○　　　　　　　○　　　　　　　○　　　　　　　○

　　　　　　　　　　　　　　　　　　　　　　　（$P=0.755$　$D=0.343$）

2. 判断题（每题2分，共6分）

（1）大圆的周长与直径的比大于小圆的周长与直径的比。（　　　）

　　　　　　　　　　　　　　　　　　　（$P=0.772$　$D=0.244$）

（2）圆的直径都相等。（　　　）　　　　（$P=0.932$　$D=0.088$）

（3）一个数和它的倒数成反比例。（　　　）　　（$P=0.614$　$D=0.243$）

3. 填空题（每题2分，共8分）

（1）把 $\dfrac{1}{6}$：$\dfrac{1}{9}$ 化成最简单的整数比是（　　　）。　（$P=0.764$　$D=0.264$）

（2）做一批同样大小的衣服，做的衣服件数和用布的米数成（　　　）比例。

　　　　　　　　　　　　　　　　　　　（$P=0.65$　$D=0.368$）

（3）把一个底面积是6平方厘米的圆柱，切成两个不一样大小的圆柱，表面积增加（　　　）。　　　　（$P=0.532$　$D=0.355$）

（4）15克糖和25克水融合的糖水溶液中，糖占（　　　）%。

　　　　　　　　　　　　　　　　　　　（$P=0.677$　$D=0.466$）

第三部分

1. 填空题（每空3分，共9分）

（1）一张零件图的比例尺是5：1，量得图上的尺寸是2厘米，这个零件的实际尺寸是（　　　）厘米。　　　（$P=0.627$　$D=0.529$）

（2）圆柱体的直径是8厘米，高是10厘米，它的侧面积是（　　　）平方厘米，体积是（　　　）立方厘米。　　　（$P=0.845$　$D=0.422$）

2. 求下列各个图形的面积（单位：厘米。每题 3 分，共 6 分）

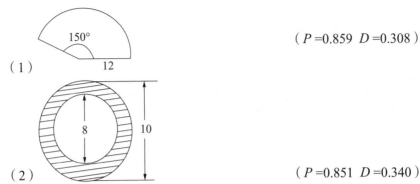

（1）   （$P=0.859$ $D=0.308$）

（2）   （$P=0.851$ $D=0.340$）

3. 应用题（每题 5 分，其中列式、计算各 2 分，答案 1 分，共 15 分）

（1）两个城市相距 500 千米。一列客车和一列货车同时从两个城市相对开出，货车的平均速度与客车平均速度的比是 9:11。相遇时，两列车各行驶了多少千米？   （$P=0.947$ $D=0.178$）

（2）一批煤，计划每天烧 4.8 吨，可以烧 56 天。如果每天节约 0.6 吨，这批煤可以烧多少天？   （$P=0.845$ $D=0.389$）

（3）一个圆锥的底面直径和高都是 30 厘米，求它的体积。

（$P=0.788$ $D=0.394$）

4. 看图填表（共 6 分）   （$P=0.810$ $D=0.509$）

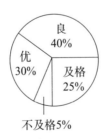

上面是一次体育成绩的统计图。现在知道不及格的有 2 人。请算出各种成绩的人数，填入下表。

成绩	优	良	及格	不及格	合计
人数				2	

小学数学毕业

考试试卷

平均分	76.4	信度	0.601
标准差	10.5	效度	0.624

第一部分

1. 填空题（每题 1 分，共 5 分）　　　　　　　　（$P=0.914$　$D=0.406$）

（1）29.813 与 0.7 的和是（　　　）。

（2）1.026 与 0.45 的商是（　　　）。

（3）$3\frac{1}{4}$ 与 $1\frac{5}{6}$ 的差是（　　　）。

（4）$5\frac{2}{3}$ 与 $1\frac{15}{34}$ 的积是（　　　）。

（5）一个数的 75% 是 15，这个数是（　　　）。

2. 求出下面各题中的未知数 x（每题 2 分，共 4 分）（$P=0.934$　$D=0.387$）

（1）解方程：$\frac{15}{16}x-0.25=\frac{3}{4}$

（2）解比例：$4.5:\frac{3}{10}=x:\frac{1}{15}$

3. 写出下面各题的计算过程（第一、二题每题 2 分，第三题 4 分，第四题 5 分，共 13 分）　　　　　　（$P=0.894$　$D=0.346$）

（1）$90310-203\times425$

（2）$1\frac{3}{8}+\frac{12}{25}\div6\frac{2}{5}$

（3）化简：$\dfrac{\frac{1}{4}+\frac{1}{3}\times1\frac{3}{5}}{2-\frac{5}{9}}$

（4）计算：$2-\left[4\frac{3}{5}-1.2\times\left(\frac{2}{3}+1.5\right)\right]\div3$

4. 选择题（每题 2 分，共 4 分）　　　　　　　　（$P=0.830$　$D=0.423$）

（1）（12.5+12.5+12.5+12.5）×25×8 最简便的计算方法是

　　（12.5×4）×25×8　　　　　　　　（12.5×4）×（25×8）

　　　　　　○　　　　　　　　　　　　　　　　　○

　　（12.5×8）×（25×4）　　　　　　（12.5×4×2）×（25×4）

　　　　　　○　　　　　　　　　　　　　　　　　○

（2）$\frac{1}{2}$ 与 $\frac{1}{3}$ 的和除它们的差，商是多少？算式是 （$P=0.090$ $D=0.243$）

$$\frac{1}{2}+\frac{1}{3}\div\frac{1}{2}-\frac{1}{3}$$
○

$$\left(\frac{1}{2}-\frac{1}{3}\right)\div\left(\frac{1}{2}+\frac{1}{3}\right)$$
○

$$\left(\frac{1}{2}+\frac{1}{3}\right)\div\left(\frac{1}{2}-\frac{1}{3}\right)$$
○

$$\frac{1}{2}-\frac{1}{3}\div\left(\frac{1}{2}+\frac{1}{3}\right)$$
○

5. 列式计算（4分）　　　　　　　　　　　　　（$P=0.880$ $D=0.248$）

比一个数的 $2\frac{1}{2}$ 倍少 1.4 的数是 3.6，求这个数。

第二部分

1. 选择题（每一个正确答案 2 分，共 20 分）。（注意一题可能有两个正确答案）

（1）526000 改写成万作单位的数是　　　　　　（$P=0.665$ $D=0.158$）

52 万　　　　　53 万　　　　　52.6 万　　　　　5.26 万
○　　　　　　　○　　　　　　　○　　　　　　　○

（2）2 和 3 是 12 的　　　　　　　　　　　　　（$P=0.555$ $D=0.393$）

质数　　　　　约数　　　　　互质数　　　　　质因数
○　　　　　　　○　　　　　　　○　　　　　　　○

（3）2.4 小时是多少小时多少分？　　　　　　　（$P=0.699$ $D=0.494$）

2 小时 40 分　　2 小时 4 分　　2 小时 24 分　　2 小时 $\frac{1}{15}$ 分
○　　　　　　　○　　　　　　　○　　　　　　　○

（4）下面四个数中，最小的数是：　　　　　　（$P=0.458$ $D=0.309$）

$0.4\dot{6}$　　　　　$0.\dot{4}\dot{6}$　　　　　$\frac{23}{49}$　　　　　46.6%
○　　　　　　　○　　　　　　　○　　　　　　　○

（5）把 5 米长的钢管平均截成 8 段，每段的长度是　（$P=0.582$ $D=0.404$）

$\frac{1}{8}$ 米　　　$1\frac{3}{5}$ 米　　　1 米的 $\frac{3}{8}$　　　5 米的 $\frac{1}{8}$
○　　　　　　　○　　　　　　　○　　　　　　　○

（6）0.48 的小数点向右移动一位，再向左移动两位，这个小数就

（$P=0.699$ $D=0.369$）

扩大 100 倍　　扩大 10 倍　　　　缩小 10 倍　　　　缩小 100 倍

　　○　　　　　　○　　　　　　　○　　　　　　　○

（7）如果甲班人数比乙班人数多 $\frac{1}{9}$，那么乙班人数与甲班人数比较

（$P=0.543\ D=0.363$）

乙班人数比甲班少 $\frac{1}{9}$　　　　　　乙班人数是甲班的 $1\frac{1}{9}$

　　　○　　　　　　　　　　　　　　○

乙班人数是甲班的 $\frac{8}{9}$　　　　　　乙班人数比甲班少 $\frac{1}{10}$

　　　○　　　　　　　　　　　　　　○

（8）一个圆柱与一个圆锥的底面积和体积分别相等。如果圆柱的高是 6 厘米，那么圆锥的高是　　　　　　　　　　（$P=0.836\ D=0.307$）

2 厘米　　　　6 厘米　　　　　12 厘米　　　　　18 厘米

　○　　　　　　○　　　　　　　○　　　　　　　○

2. 是非题（每题 2 分，共 8 分）

（1）一个自然数不是质数就是合数。（　　　）　　（$P=0.900\ D=0.205$）

（2）出米率一定，稻谷的斤数与出米的斤数成正比例。（　　　）

（$P=0.788\ D=0.143$）

（3）边长 4 厘米的正方形的周长和面积相等。（　　　）

（$P=0.439\ D=0.105$）

（4）一条直线与另一条直线相交成直角，这条直线就叫作垂线。（　　　）

（$P=0.476\ D=0.236$）

3. 填空题（每题 2 分，共 6 分）

（1）4 和 9 的最大公约数是（　　　），最小公倍数是（　　　）。

（$P=0.965\ D=0.215$）

（2）如果 $A\times4=B\times3$，那 $A:B=$（　　　）:（　　　）。（$P=0.584\ D=0.299$）

（3）一个等腰三角形的底角是 80 度，它的顶角是（　　　）度。

（$P=0.788\ D=0.356$）

第三部分

1. 填空题（每空 2 分，共 8 分）

（1）学校买来图书 168 本，按 3：5 分配给五、六年级，五年级分得图书（　　）本，六年级比五年级多分得图书（　　）本。（$P=0.750$　$D=0.386$）

（2）圆柱体的底面周长是 31.4 厘米，高是 8 厘米，它的侧面积是（　　）平方厘米，底面积是（　　）平方厘米。　　　　（$P=0.735$　$D=0.348$）

2. 看图回答问题（第一题 2 分，第二题 4 分，共 6 分）

下面是某厂四月份计划产量与实际产量的比较图。根据图回答下列问题。

（1）实际产量比计划产量增产（　　）%。

（2）计划产量是 4500 个零件，实际产量是多少个零件？

（$P=0.912$　$D=0.415$）

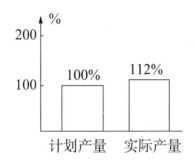

3. 应用题（每题 6 分，其中列式 3 分，计算 2 分，答案 1 分，共 18 分）

（1）3 台磨面机 4 小时可以加工小麦 1320 千克，照这样计算，用 8 小时加工 4400 千克小麦，需要这样的磨面机多少台？　　（$P=0.962$　$D=0.264$）

（2）一个圆锥形稻谷堆，已知底面半径是 1 米，高 1.5 米，每立方米稻谷约重 600 千克。这堆稻谷重多少千克？　　（$P=0.925$　$D=0.321$）

（3）一堆煤，每天烧 630 千克，烧了 4 天。以后几天又烧了剩下的 $\frac{2}{5}$，这时还有煤 1680 千克。求原有煤多少千克。　　（$P=0.446$　$D=0.447$）

4. 选择题（在正确答案下面的○内涂上黑色。每个正确答案 2 分，共 4 分）

8 筐苹果和 6 筐梨共重 520 千克，如果每筐苹果重 35 千克，平均每筐梨重多少千克？设：每筐梨重 x 千克。根据题意得方程（　　）

$35 \times 8+6x=520$ $35 \times 6+8x=520$

○   ○

$(35+x) \times (8+6) =520$ $520-6x=35 \times 8$

○   ○

$(P=0.862\ D=0.319)$

第10章　尝试教学实验研究

【简介】20世纪60年代，我在华东师大附小进行小学数学的教学改革，为了让学生自己学，我萌发了"先练后讲"的想法，先让学生做题，不会可以看课本，最后教师根据学生的困难，再进行有针对性的讲解。70年代，我在溧阳农村当中学数学教师，在自己所教的班上试用这种方法，收效显著。

在20年思考酝酿的基础上，1980年在常州，我开始系统的实验研究，根据实验研究成果写成第一篇论文《尝试教学法的实践和理论》，在《福建教育》（1982.11）上发表，引发全国小学数学教育界震动，各地教育杂志纷纷转载，各地学校相继引进，开展实验。其中虽有过波折，但始终向前发展。

为了进一步的研究与推广，1994年在中国教育学会数学教育研究发展中心的支持下，成立了尝试教学理论研究会，从此依靠这个平台，凝聚全国各地尝试教学研究的力量，有计划、有步骤地开展课题研究计划。前后申报实验学校的有3000多所，在130多个县区获得大面积推广，批准了3900多个立项课题，实验范围遍及全国31个省、市、自治区以及港澳台地区。一场轰轰烈烈的教育科研活动在全国各地开展起来，几十年来经久不衰。这场遍及全国的大规模实验研究活动，硕果累累，据不完全统计，出版著作60多部，撰写论文、实验报告及经验文章11万余篇，公开发表的近5000篇，开创了中国教育实验史上的新纪录。这项长达近40年，规模宏大的教育实验，被国际著名智能测量专家、美国佛州大学教授瓦格纳誉为"世界最大规模的教育实验之一"。

丰富的教育实践推动了理论的发展，从先练后讲教法—尝试教学法—尝试性教学原则—尝试教学理论—尝试教育理论，充分显示了尝试教育的巨大生命力。

尝试教学实验研究是多方面、多角度的，由于篇幅所限，只能选择一些有代表性的案例，供大家参考。

一、培养学生自学能力的实验研究

教师还没有教，为什么学生自己尝试能初步解决问题呢？对此很多人觉得是个谜，其实道理很简单，奥秘就在于学生自学了课本，借助于课本的示范作用，学生才能尝试去解决问题。因此，尝试教学法能有效地提高学生的自学能力。

（1）1980年，我最初的尝试教学法实验就是从这里找到突破口，从检验学生自学能力的提高来诠释尝试教学法的优越性。

1980—1981年，我在常州市劳动中学徐庭春老师任教的四年级班上做的实验，结果令人振奋：

实验班上数学课，学生自学课本后，做尝试题的正确率从62.6%逐步上升到88.2%。而在对照班中用同一试题测试，正确率只有54%。

我亲自在实验班教异分母分数加减法，仅用15分钟让学生自学课本，同学之间再互相讨论，做尝试题的正确率已有87.5%；后面经过教师指点，再经过几个层次的练习，同时重点帮助"中差生"，课堂作业当堂完成，正确率竟达96%。基本上做到全体学生当堂学会。

（2）1984—1985年，我在广州市从化县英豪学校指导尝试教学法实验，为了测定学生的自学能力，我亲自做了一次测验。

测定班级：随机抽出三年级和五年级各一个班。

测定内容：采用本学期课本后面没有学过的内容，分计算和应用题两节内容。利用一个晚自修时间。

测定方法：测定题目由我亲自编拟，并由我亲自主考。先让学生自学课本，教师不加任何指导和暗示，然后立即解题。

结果分析：测定后，由我统一批阅，结果见表10–1：

表10–1　英豪学校实验班学生自学能力测定的统计

实验班	计　算		应用题	
	内容	成绩（分）	内容	成绩（分）
三（7）班	混合运算	86.8	两步应用题	87.9
五（3）班	小数除法	77.7	三步应用题	93.2

该校试用尝试教学法仅一年多时间，学生的自学能力已达到很高的水平，学生通过自学课本，立即解题，正确率已达 77.7% ～ 93.2%，证明学生的潜能是很大的。五年级（3）班学习三步应用题，自学例题后，大部分学生都已学会，能自己解答尝试题，成绩竟达 93.2 分。小数除法在四则计算中是最难的，可是成绩也有 77.7 分，而且大都错在基本口算上，计算法则错误较少。

（3）江苏省海门县教师进修学校进行自学能力的对比实验研究，也得到如上相同的结果。他们以五年级数学"三角形面积计算"为教学内容，先让学生自学课本，然后通过问卷和个别谈话，测试学生对概念的理解程度，又通过解答习题，测定学生解题的水平。结果见表 10-2：

表 10-2　实验班与对照班学生自学能力发展比较

	阅读课本				解答习题	
	阅读时间（分）	理解与表达			时间（分）	正确率（%）
		理解深刻表达清楚（人）	理解一般表达基本清楚（人）	理解有困难表达不清楚（人）		
实验班	10.47	20	32	8	8.59	74.31
对照班	17.21	3	27	30	14.74	31.23
差异	Z=6.78 P<0.01	X^2=23.04 P<0.01			Z=5.94 P<0.01	Z=19.17 P<0.01

实验班和对照班都是大班额，有 60 人。阅读课本后，实验班学生基本理解概念，并能表达清楚，仅有 8 人理解有困难，表达不清楚，占 13.3%；而对照班有 30 人理解有困难，占 50%。解题的正确率，实验班是 74.31%，而对照班只有 31.23%。两者差异都达到了显著（P<0.01）的水平。

（4）辽宁省大连市开发区东山小学，是开发区创办最早的一所学校，学校生源除了当地农民子女，就是外地打工或经商者的子弟，学生的素质相对比较低。从 1996 年开始，在小学数学教学中全面实施尝试教学法，学生的自学能力和数学成绩逐年提高。详见表 10-3：

表 10-3　实验前后学生自学能力的对比

自学正确率 年级 \ 时间	一年级	二年级	三年级	四年级	五年级	六年级
实验前	29%	30.1%	43%	45%	47%	51%
实验后	67%	79%	82%	88%	90.1%	92%

从上表中不难看出，实验后的各个年级的学生自学能力大大提高。尝试教学法摆脱了"教师只管教，学生只管听"的旧教学法的束缚，让学生在旧知识的基础上先来尝试练习，在尝试的过程中指导学生学习课本，再动手尝试练习，然后再听教师的讲解。实践证明，这种教法能有效地培养学生的自学能力，特别是对低年级学生而言，只要他们在教师的启发引导下，初步尝到自学的甜头，就会对以后的学习带来深远的影响。

利用尝试教学法，学生的学习成绩大幅度提升。该校毕业班试卷由区教研室统一命题，具有客观性、权威性。四年来毕业班会考数学成绩统计见表10-4：

表 10-4　四年来毕业班会考数学成绩统计

时间	1997 年	1998 年	1999 年	2000 年
平均分	79.2	84.1	89.4	91.2
优秀率	21%	39%	63%	78%
及格率	87%	90%	95%	98%

从上表反馈的情况我们可以看到，实施尝试教学法后，学生的主体作用发挥得更充分了，学生表现的机会更多了，因而课堂上耗时少，效果好，有利于教学质量的提高。同时，从表中平均分、优秀率、及格率的大面积逐年提高，我们也能看出"中差生"的学习成绩有了明显的提高。由此可见，学会看书，学会思考，这正是"中差生"最缺乏的东西，尝试教学法能引导学生主动地自学课本，促进他们进行思考，从而提高"中差生"的学习成绩。

（5）广西壮族自治区柳州市鹅儿山路第二小学对学生自学能力的测定做

得更细，语文用一篇课文，数学用一节课的内容，让学生自学后（包括学生自学课本、互相讨论），按照知识点进行测定，结果见表10-5、10-6：

表10-5 《十里长街送总理》测查表　　　（N=40）

序号	知识点	学习水平			掌握情况				
		识记	理解	应用	全部	大部分	部分	小部分	F
1	学会本课6个生字、10个新词	√			38	0	2	0	0.83
2	能理解人们送别总理的叙述顺序		√		35	3	0	2	0.96
3	能写出人们送别总理时悲痛心情的词句		√		38	0	0	2	0.97
4	能完成"思考、练习"3的句子填空		√		38	2	0	0	0.99
5	能用"慈祥""不约而同"造句			√	30	8	2	0	0.92
6	能背诵课文，加深崇敬、爱戴和怀念周总理的思想感情		√		38	2	0	0	0.99

表10-6 "能被2、5、3整除的数"测查表　　　（N=40）

序号	知识点	学习水平			掌握情况				
		识记	理解	应用	全部	大部分	部分	小部分	F
1	能被2整除的数的特征	√	√	√	38	2	0	0	0.99
2	偶数、奇数的意义	√		√	35	3	2	0	0.97
3	0也是偶数	√			40	0	0	0	1
4	能被5整除的数的特征	√	√	√	38	2	0	0	0.99
5	能被3整除的数的特征	√	√	√	38	2	0	0	0.99

上表中的数据显示，对于各知识点，学生基本做到掌握，学生自学能力达到很高水平。

二、尝试教学法与传统教学法对比实验研究

尝试教学实验研究历经 30 多年，全国各地各种类型的学校进行的研究都得到相同的结论：尝试教学法观点鲜明，操作简便，效果显著。但研究大都是在教学自然条件下进行的，没有严格的控制。为此，上海市崇明县实验小学采用等组对比实验，验证尝试教学法与传统教学法的差异。

（1）实验者：上海市崇明县实验小学。

（2）实验对象：五年级两个班，选用数学学科。

（3）实验时间：1985—1986 年。

（4）实验设计：两个班的教学条件尽可能相同。同一基础、同一教材、同一进度、同一练习量、同一教学时间、同一测试题、同一评价标准，教师水平基本相同，都是具有二十八九年教龄的中师程度的女教师，所不同的仅是一个班采用尝试教学法（称为实验班），一个班仍用以教师讲授为主的传统教学方法（称为对照班）。为了防止无形中加重师生的心理负担，实验过程中没有宣布哪个是实验班哪个是对照班，一切都在正常的教学情况下进行。

（5）结果与分析。

统计结果见表 10–7、10–8、10–9、10–10：

表 10–7　1985 学年度第二学期期终考试成绩对照
（实验前最后一个学期）

班别	N	X	S	U 检验
实验班	60	78.53	15.77	0.46
对照班	60	79.95	15.63	

注：$|u|=0.46 < 1.96 = u0.05$

从上表统计分析中可看出，实验班和对照班，学生原有的知识基础基本相同，没有明显差异。

表 10-8　1986 学年度第一学期期中考试成绩对照表

（实验后的第一个学期）

班别	N	X	S	U 检验
实验班	60	83.86	10.3	1.86
对照班	60	80.11	12.5	

注：|u|=1.86<1.96= u0.05。

表 10-9　1986 学年度第二学期期中考试成绩对照

（实验后的第二个学期）

班别	N	X	S	U 检验
实验班	63	89.3	8.38	4.53
对照班	61	73.37	14.24	

注：|u|=4.53>1.96= u0.05，实验班成绩显著高于对照班。

实验后的第一学期，实验班的成绩已有提高，但尚不显著。实验后的第二学期，实验班的成绩已明显高于对照班，U 检验达 4.53，达到差异显著程度。

为了测定两个班级学生知识的巩固率，在教完同一单元内容后，相隔一周时间进行检测，结果实验班学生的巩固率明显高于对照班。

表 10-10　测定学生知识巩固率的成绩统计

班别	N	X	S	U 检验
实验班	63	87.13	9.89	4.18
对照班	61	76.76	16.85	

注：|u|=4.18>1.96= u0.05，差异显著。

说明：以上测试均采用同卷、同时、同一评分标准进行。

上面的实验，实验班和对照班分别有不同教师任教，而教师自身素质对学生学习成绩影响较大。因而同一教师的等组对比实验更有说服力。

下面来介绍广西壮族自治区博白县盐圩小学的对比实验。由许岳佑老师同教两个班，五（甲）班采用尝试教学法，五（乙）班采用教师讲授为主的传统方法。原来五（乙）班的数学成绩略高于五（甲）班，经过一年多时间，运用尝试教学法的五（甲）班却大大超过了五（乙）班。结果见表10-11：

表 10-11　同一教师对比实验的成绩统计

| 班别 | 教法 | 实验前 | | | 实验后 | | | | | |
| | | 1988 年 1 月期末考试 | | | 1988 年 6 月期末考试 | | | 1989 年 6 月毕业考试 | | |
		人均分	及格率（%）	优秀率（%）	人均分	及格率（%）	优秀率（%）	人均分	及格率（%）	优秀率（%）
五（甲）	尝试法	60.4	56.3	18.6	72.1	68.8	34.2	86.5	96	78
五（乙）	讲授法	63.4	61.2	21.2	68.7	67.4	32.5	68.2	76.5	38.5

两个对比班，同一位教师，知识水平基本相同，教学进度相同，辅导时间相同，测查内容相同，仅是教法不同。经过一年多的教学实验，学生的成绩、思维能力、解决问题的能力逐步拉开了距离，充分显示出尝试教学法的优越性。

三、课堂教学效率的对比实验研究

运用尝试教学法为什么能促进教学质量大幅度地提高，为了探求归因，许多实验学校进行课堂教学效率的对比实验研究。

（1）山东省邹县实验小学，选择四年级（4）班为实验班，采用尝试教学法，四年级（5）班为对照班，采用原来以注入式为主的传统教学方法。半年后，用同一教学内容——列方程解应用题（例6），进行对比实验研究，根据课堂教学的观察分析，结果见表10-12：

表 10-12　同一教学内容不同教法比较

班级	四年级（4）班	四年级（5）班
教学方法	尝试教学法	传统教学法
教学内容	列方程解应用题例 6	列方程解应用题例 6

班级	四年级（4）班	四年级（5）班
教师直接讲授时间	16 分钟	30 分钟
学生发言人数	全班共 65 人，其中 59 人能说出算法算理	全班共 70 人，只有个别优等生得到发言机会
讨论时间	8 分钟	无时间讨论
课堂作业	5 道题	2 道题
做题正确率	92%	70%

从上表中可看出，对照班教师直接讲授时间要 30 分钟，占了一堂课 75% 的时间，因此学生没有讨论和发言的时间，课堂作业只能做 2 道题。

实验班教师直接讲授时间只有 16 分钟，因此有 8 分钟学生讨论时间，59 人能说出算法算理，课堂作业能做 5 道题，正确率达 92%，课堂教学效率明显高于对照班。

（2）四川省忠县宝石小学也进行了同样的对比实验，证明运用尝试教学法的实验班的课堂教学效率高于传统教法班，而课外作业负担也大大减轻，结果见表 10-13、10-14：

表 10-13　忠县宝石小学课堂教学效率对比分析

班别	N	教学方法	教学内容	教师直接讲授时间（分钟）	学生发言面(%)	讨论时间（分钟）	课堂练习(道)	课堂作业(道)	解题正确率(%)
实验班（五年级2班）	50	尝试教法	通分	15	90	7	20	8	90
对照班（五年级1班）	49	传统教法	通分	32	30	0	10	4	68

表 10-14　忠县宝石小学学生课外作业负担抽样调查统计

班别	平均每周作业次数	每次作业平均时间
实验班	5.4	21′35″
对照班	8.9	54′24″

从以上两表的对比分析可知，实施尝试教学法后，实验班学生学得轻松愉快，课堂教学效率显著地高于对照班（$P<0.01$），而课外作业负担却远远低于对照班。

（3）江苏省海门县也得到了同样的实验结果，采用尝试教学法的实验班每堂课所做的习题数量要超过对照班一倍。结果见表 10-15：

表 10-15　江苏省海门县的六年级等组对比实验统计

班别	平均每课讲解习题数量	平均每课解答习题数量
实验班	1.71	14.2
对照班	1	7.42

尝试教学模式的特点是"从尝试着手，从练习开始"，整个课堂教学体现三个为主：以学生为主体，以自学为主导，以练习为主线。

练习贯穿在课堂教学始终：从准备练习—尝试练习—第二次尝试练习—当堂检测，练习占整个课堂教学的一半以上时间，大大提高了课堂教学的效率，这是一种有效的教学。

注入式教学方法，主要特征是学生被动地听教师的讲授，教师不管学生懂不懂，都要从头讲起，按照一个固定的程式进行。

教师的讲授占去一堂课的大部分时间，留给学生练习和思考的时间就不多了。有的教师明知满堂灌不好，可是按照这套程式一讲，就好像决了口的黄河水，收都收不回来。这套注入式教法，致使课堂教学效率低下，教师只得靠课外补课和布置大量作业来弥补。

尝试教学法一开始就向学生提出问题，让学生自己先尝试一番，在这基础上教师再有的放矢地进行讲解。这种方法开门见山，有的放矢，耗时少，效果好。

（4）河北省宁晋县第二实验小学同样用同一年级、同一教学内容，不同教法进行课堂教学效果及学生负担的对比研究。

采用二年级"角的初步认识"内容，实验班运用尝试教学法，对照班运用传统的注入式教学方法，对课堂教学的各个环节进行详尽记录。结果见表10-16：

表10-16　同一内容，不同教法的效果及学生负担对比

班级	二年级（实验班）	二年级（对照班）
教学内容	角的初步认识	角的初步认识
教师讲授时间	13分钟	28分钟
学生动手（%）	100	78
讨论时间	10分钟	3分钟
学生发言（%）	82	21
课堂作业	5道题	3道题
做题正确率（%）	98	69
课外作业	无	2道题
学生平均每晚写作业的时间	10分钟左右	20分钟以上
家长认为学生负担重的（%）	3.9	39.3

从上表的实验数据中，我们可以清楚地看出，实验班采用了尝试教学法，提高了课堂教学效率，减轻了学生的负担。实验班给学生创造自主学习的机会，教师讲授时间缩短了，学生动手和发言的机会增加，课堂练习机会也增加了，课外作业负担也减轻了。

四、尝试教学有利于学困生转化的实验研究

实验初期，很多教师担心，学困生尝试有困难，认为尝试教学法适合好学生，而不适合学困生。一些农村山区的学校教师总认为尝试教学法适合城市条件好的学校，农村山区学校教学条件差，学生基础差，运用尝试教学法有困难。

大量的教学实践表明，尝试教学法非但适合学困生，而且成绩提高的幅度大，有利于学困生的转化。为了研究尝试教学法与学困生转化的相关问题，很多单位展开了这方面的实证研究。以下仅举几例。

1. 江苏省海门县教师进修学校的对比实验

为了探索尝试教学法对各类学生学习成绩的影响，他们以实验前的预测成绩为准，把学生分为优、中、学困三类，然后再以实验后两学期期末考试的平均成绩，看三类学生学习成绩的变化。为了确定三类学生的平均分在学生团体中所处的相对位置，采用标准分进行比较。结果见表 10-17：

表 10-17　三类学生实验前后成绩统计

时间	优生			中等生			学困生		
	实验班	对照班	两班相差	实验班	对照班	两班相差	实验班	对照班	两班相差
实验前	1.04	1.00	0.04	0.42	0.40	0.02	−1.17	−1.16	−0.01
实验后	+0.58	+0.05	+0.53	+0.51	−0.54	1.05	+0.52	−1.12	1.64

从上表可看出，实验前，实验班与对照班三类学生的标准分数无显著差异。实验后，实验班与对照班相比，优生高 0.53，中等生高 1.05，学困生高 1.64，三类学生都有所提高，且学困生的提高更为明显，达到了显著的水平（P<0.05）。

2. 江苏省金湖县前锋乡实验前后数学成绩对比实验

江苏省金湖县前锋乡，在 20 世纪 80 年代初期，数学教学质量是全县最差的，学困生特别多。该乡教师在县教研室的指导下，普遍应用尝试教学法以后，数学教学质量大幅度提高，主要在于学困生的转化。实验结果见表10-18：

表 10-18　金湖县前锋乡七所学校实验前后数学成绩对比表

学校名称	实验前		实验后		实验前后比较	
	1983—1984 年度第二学期		1984—1985 年度第二学期			
	平均分	及格率（%）	平均分	及格率（%）	平均分	及格率（%）
全乡总成绩	46.8	53.9	69.3	75.3	+22.5	+21.4
乡中心校	46.5	53.2	73.7	85.1	+27.2	+31.9
民生小学	44.2	48.3	66	71.1	+21.8	+22.8
新兴小学	64.2	69.2	71.6	79.5	+7.4	+10.3
中段小学	44.5	54.2	65.3	78.1	+20.8	+23.9
合义小学	53.4	61	68	77.0	+14.6	+16
同心小学	42.8	51.3	65.1	74.1	+22.3	+22.8
张集小学	35.7	40.1	61.6	62.8	+25.9	+22.7

从全乡总成绩来看，实验前只有 46.8 分应用尝试教学法一年后，平均成绩提高到 69.3 分，及格率也从 53.9% 上升到 75.3%，说明大部分"中差生"有所提高。

3. 云南省玉溪市冯井小学学困生转化的实验研究

冯井小学在 1984 年试用尝试教学法，实验班许多学困生和中等生已转化为优等生。结果见表 10-19：

表 10-19　玉溪市冯井小学"中差生"转化统计

时间	90 分以上的人数			
	原有（人）	由中等生转化（人）	由学困生转化（人）	优等生占全班的（%）
实验前	42 人	—	—	24%
实验后	42 人	12 人	8 人	84%

从上表中可看出，原来这个班优等生仅占 24%，其余都是中等生和学困

生；实验后有 12 个中等生和 8 个学困生转化成优等生，优等生的比例高达 84%。实验证明，尝试教学法能够大面积地提高教学质量，而且能使所有的学生学好。

产生学困生的因素很多，主要是他们的自控能力比较差，上课注意力容易分散，加上一些教师的教法不当，平时又很少关心他们，使他们成为"被遗忘的人"。而尝试教学法先让学生尝试练习，使学困生及早发现困难在哪里，然后再听教师讲解。学会看书，这正是学困生最缺乏的能力，尝试教学法能引导学生主动地自学课本，促使他们进行思考，恰好能对症下药，解决学困生的根本问题。

有些教师认为学困生理解能力差，采取一味迁就的办法，把材料嚼得很细给他们，越是这样，他们越是不肯动脑筋，越是觉得没有兴趣，越是无法提高学习成绩。

五、尝试成功诸因素影响教学效果的实验研究

在构建尝试教学理论时，我提出达到尝试成功的七个因素：学生的主体作用、课本的示范作用、旧知识的迁移作用、教师的指导作用、学生之间的互补作用、师生之间的情意作用、教学手段的辅助作用。并指出充分利用这七个因素能够达到尝试成功。

为了探求诸因素对达到尝试成功的影响，我亲自在常州市博爱路小学进行了一次教育实验。

（1）时间：1995 年。

（2）对象：常州市博爱路小学五年级 4 个平行班。

（3）教材：人民教育出版社编写的六年制小学数学课本，第九册第 38—45 页。

（4）实验设计：尝试教学采用 4 种不同的条件组合。

Ⅰ出示尝试题后，直接让学生尝试练习。

Ⅱ出示尝试题后，先让学生自学课本，然后再做尝试题。

Ⅲ出示尝试题后，先让学生自学课本，同时让学生互相讨论，然后再做尝试题。

Ⅳ出示尝试题后，先让学生自学课本，同时让学生互相讨论，然后教师

再作指导，最后做尝试题。

这4种教学条件组合，在4个班级里采用循环实验法，进行对比实验。尝试题做在专用的练习纸上，练毕立即交给老师，课后统一批改。尝试题的正确率就是尝试的成功率。

（5）结果与分析。

表10-20　不同教学条件对尝试成功的影响

班级	摸底成绩	教学条件组合			
		I	II	III	IV
五（1）	96.5	87.5%	94.6%	100%	100%
五（2）	90.3	79.6%	94%	96.4%	100%
五（3）	86.4	80%	85%	89.4%	98.2%
五（4）	72.6	67.9%	78.6%	87.5%	98.2%

上表中的数据很有说服力，我们可以清楚地看出：尝试成功的达成度随着教学条件的增加而提高。这个趋向在原来成绩差的班级更明显。

①第I种方式出示尝试题，不给任何教学条件，学生直接做尝试题，好班五（1）班尝试的成功率达87.5%，连学困班五（4）班也有67.9%的学生做对了。

②第II种方式是增加自学课本，这一步是非常关键的，自学课本后，大部分学生都会做，成功率都在90%以上，连学困班也有79.6%的成功率，这里教师还没有指导呢。

③第III种方式，增加了学生讨论，正确率又有增加。

④第IV种方式，增加了教师指导，基本上全班学生都会做了，特别是学困班也能达到98.2%，说明学生达到尝试成功完全是有可能的。

⑤从统计数据可清楚地看出，学困班学生进步最快，提高幅度最大。有人顾虑学困生不能适应尝试教学，看来这种顾虑是没有必要的。

六、尝试教学与分层教学相结合的实验研究

（1）研究者：浙江省杭州市天杭小学陈东法。

（2）时间：1992年。

（3）实验设计：

班级授课制有许多优点，但在学生学习成绩有分化的情况下，明显暴露了它的问题：无法调和统一的教学要求和学生个体差异的矛盾，很难根据学生的实际情况进行个别施教，容易造成"一刀切""一锅煮"，从而影响每个学生的充分发挥。

目前尝试教学仍只能采用班级授课制，会存在一定的弊端，把尝试教学与分层教学结合起来可解决这个难题。

选择四年级的103名学生作为实验对象，并搜集了实验前学生的自学能力和三类学生知识掌握情况的参照数据。

（4）结果与分析。

通过教育实验形成了分层尝试教学模式，以六段式课堂教学模式为主线，把分层尝试的思想和措施有机地结合进去。如下图所示：

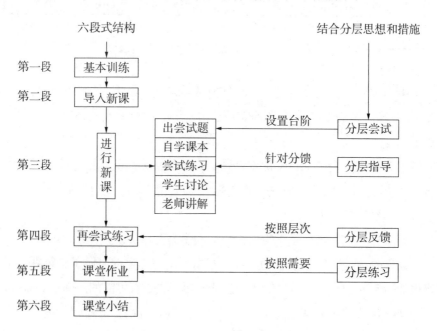

图 10 - 1　分层尝试教学模式

运用以上分层尝试教学模式，通过近两年的教学实践，学生的自学能力和三类知识的掌握情况都有了明显的提高。详见表10–21、10–22：

表 10-21　学生自学能力情况

实验前	实验人数	对题数	0	1	2	3	4	5	6	自学正确率
	103 人	人数	15	19	22	20	15	8	4	39.95%
实验后	实验人数	对题数	0	1	2	3	4	5	6	自学正确率
	103 人	人数	2	4	10	21	27	24	15	65%

　　实验前，通过学生自学例题，试做与例题相仿的尝试题，正确率为39.95%。实验后，以同样的方法测试，正确率为65%，比实验前提高了25%。由此可见，通过"尝试"，培养了学生看书、自学的兴趣，使学生掌握了看书自学的方法，提高了学生自学的能力。

表 10-22　掌握三类知识的情况

题型		基本题						变化题					提高题			
实验前（103）人	对题数	0	1	2	3	4	5	0	1	2	3	4	0	1	2	3
	人数	/	3	8	14	32	46	2	40	29	21	11	62	32	6	3
	正确率	81.4%						49.8%					17.1%			
实验后（103）人	对题数	0	1	2	3	4	5	0	1	2	3	4	0	1	2	3
	人数	/	1	1	4	35	62	/	11	20	44	28	32	25	18	28
	正确率	90.25%						80.3%					44%			
对比差		8.8%						30.5%					26.9%			

　　上表中所指的三类知识，是指教师根据小学数学教材要求，把练习题分为三个层次：基本题、变化题和提高题。从表中统计分析数据可以看出，实验前后，学生解答这三类题型的能力都有了提高，特别是变化题，从49.8%提高到80.3%，提高了30.5%，提高幅度十分明显。提高题（所谓的难题）原来正确率只有17.1%，实验后竟能提高到44%，提高幅度达26.9%，足见分层尝试教学模式对大面积提高教学质量以及提高学生的解题能力是十分有效的。所以，在全区数学竞赛中，实验班学生获得全区同年级组总分第一名的好成绩。

七、培养学生创新精神的实验研究

运用尝试教学法能大面积提高教学质量，已得到大家的公认。针对促进学生的尝试精神和创新精神培养的研究较少，主要困难在于没有较好的测定方法，如何评价学生的创新精神有一定的困难，但是还是有许多学校在这方面进行了探索性研究。

1.河南省洛阳轴承集团公司第四小学

该校在 2001 年进行了"在尝试教学中培养学生的创新精神和实践能力"的课题研究。

在课堂教学中，从尝试着手，问题由学生来提出，结论由学生来探究，方法由学生来摸索，结果由学生来评价。实验采用学生是否能自己提出问题和解决问题作为指标，进行实验前后对比，结果见表 10-23：

表 10-23　学生提出问题和解决问题的能力对比

	数学		语文		其他学科	
	自己提出问题	自己解决问题	自己提出问题	自己解决问题	自己提出问题	自己解决问题
实验前	1%	3%	0.8%	2%	0.2%	3%
实验后	42%	45%	40%	38%	36%	40.5%

上表的统计分析虽然很粗糙，但能够明显地看出，实验前，学生几乎不会提出问题和解决问题，经过一年多的尝试教学，鼓励学生提出问题和解决问题，竟有 40% 左右的学生能够提出问题和解决问题。学生自己提出问题是创新的开端，有了问题才能去创新。

2.重庆市北碚区朝阳小学

在教学中大胆鼓励学生尝试。例如在计算圆面积的指导过程中，学生通过自学课本和尝试操作，初步理解将一个圆分成许多扇形，如果无限地分下去，会越接近于长方形。当学生得出公式并会运用后，教师向学生提出一个新的挑战性问题：你们能不能把一个圆剪拼成一个梯形或一个三角形，从而得到圆面积的计算公式呢?

开始时,学生将信将疑,心想怎能将圆剪拼成梯形或三角形呢? 教师鼓励他们动手试一试。过了几分钟,有的学生皱着的眉头就舒展开了,他们尝试成功了,他们把圆等分成若干小块,拼成了梯形和三角形,并由此推导出求圆面积公式,有的学生还创造性地拼成空心梯形和空心三角形。教师问他们:"你拼出的这个图形能推导出求圆面积的公式吗?" 学生说:"用外面部分减去空心部分不就是吗!" 教师再进一步问:"你的想法很好,不过,你要去试一试,看一看求面积的条件是否都能满足。" 这样的教学使学生能够不拘泥于书本,不依照常规,大胆尝试,迸发出创新的火花。

再例如,六年级有一道百分数应用题:百货商场计划今年完成营业额 7000 万元,实际前八个月就完成了计划,照这样计算,今年实际超额完成原计划的百分之几? 大部分学生都是先求出后四个月还要完成多少营业额,再求出超额完成百分之几。

$$7000 \div 8 \times 4 = 3500 \qquad 3500 \div 7000 = 50\%$$

而在实验班中则出现多种解法:

$$\frac{12}{8} - 1 = 50\% \qquad \frac{12-8}{8} = 50\%$$

这些解法思路清晰,计算简便,用一种新的视角思考问题。

1995 年,该校六年级有 28 人参加全国小学数学 IMO 决赛,16 人获一等奖,8 人获二等奖,创造了北碚区历史上最好的成绩。

学校请西南师范大学心理研究所对一、二、四年级实验班学生分别在实验前后进行智商测定,结果见表 10-24:

表 10-24　实验前后学生智商对比

	测查人数	平均智商		最高		最低	
		前	后	前	后	前	后
一年级	52 人	101	102.3	130(1 人)	130(1 人)	84	84
二年级	54 人	103.5	105	131(2 人)	132(4 人)	78	82
四年级	51 人	101.4	103.6	127(2 人)	132(4 人)	78	85

实验后，三个年级学生智商均有提高，特别是二、四年级学生智商提高2个百分点，效果已十分显著。

3.江苏省泰州市刁铺镇第二中心小学联想能力的对比研究

测定方法是给学生看几何图形，立即联想出事物，如看到长方形，立即联想出桌面、黑板、田块、房顶等；如看到圆形，立即联想出车轮、盘子、桌面、碗口、烧饼等；在1分钟里说出越多越好。表10-25是二年级学生测试的结果：

表 10-25　实验班与对照班学生联想能力的差异

联想水平 人数 图形	三解以下				四解到六解				七解以上			
	实验班		对照班		实验班		对照班		实验班		对照班	
	N	%	N	%	N	%	N	%	N	%	N	%
○	3	4	37	53	9	13	12	17	58	83	21	30
□	4	5.7	24	34	7	8.5	19	27	60	85.7	29	38.5
△	3	4	25	35	5	7	20	28	62	88	25	35.7

（备注：实验班70人，对照班69人。N—人数；%—百分比。）

实验班学生坚持尝试学习，特别是在尝试中坚持分层掌握学法，学得轻松，更有机会接触社会"大数学"，丰富知识的同时，联想能力自然也提高了。

八、培养学生尝试精神的实验研究

运用尝试教学法不仅能提高学生的学习成绩，更重要的是能培养学生的尝试精神。因为尝试教学法颠覆了注入式的传统教学模式，大胆让学生去自学课本，进行尝试练习。从小培养学生"试一试"的精神，长此以往，学生会逐步形成一种敢于尝试的精神。

尝试精神是一种精神层面的东西，不像考试分数那样显性，比较难测量。

四川省忠县教研室在1985年进行了这方面的实验研究。

在小学语文教学和常识教学中，以三方面作为衡量学生尝试精神的

指标：主动阅读课本，主动寻找课外读物，主动解答课外习题。结果见表
10–26：

表 10–26　实验班与对照班学生尝试精神抽样测查对比

班别	N	主动阅读课本（人）			主动寻找课外读物(人)			主动解答课外习题(人)		
		语	数	自	语	数	自	语	数	自
实验班	54	53	51	50	45	42	40	30	40	45
对照班	54	35	32	40	21	18	20	11	12	10

从上表的分析中可以看出，实验班学生的尝试精神极显著地（$P<0.01$）优于对照班。

九、尝试教学对知识保持力影响的研究

（1）研究者：黑龙江省海伦师范学校的郑海波、孙永利。

（2）时间：1996—1999 年 8 月。

（3）实验目的：从 1993 年开始，他们在黑龙江省海伦地区小学中推广尝试教学法，取得成效。为了从理论上探求尝试教学法对知识保持力的影响，决定以中师学生为对象，在数学教学中进行实证研究。

尝试教学法能够促使知识保持力的提高，是该实验研究的假设之一。目的是探明尝试教学法能使学生在数学学习中提高知识的回忆和再认能力，为培养学生的创造能力和应用数学知识解决实际问题的能力奠定坚实的基础。

（4）实验设计。

①受试者。

本研究是在海伦师范学校 1996 级新生中进行的。按性别、成绩（统考成绩）和父母职业等参数为参照，新生均等被地分为四个普师班，随机选取两个班（97 人）为实验对象，其中一个为实验班，一个为控制班（运用传统教学法）。

②研究程序。

编制测量试卷。由于检测知识的保持力，试题力求选择课堂上已做过的题目，如例题、作业题和已练习过的课后习题，使每一个受试者机会均等；

试题内容在时间上也有所差异，有上期的知识，也有已学了半年多的知识；在题型上一般为选择题、填空题和解答题，客观题尽可能选用课本中的客观题，争取试卷有较好的效度。

为了提高测量的信度，还采用了面谈法，一般以考过的试题或相似的习题为谈话内容；个案研究法，对学生的理科、文科等学科成绩、学习心理和态度等进行综合分析，分离出知识保持力较差的学生，每班大约 10 名。

③结果分析。

表 10-27　中师《代数》（一）测试成绩比较分析

	试题 A_1		试题 A_2		试题 A_3		试题 A_4	
	x	s	x	s	x	s	x	s
实验班（n=47）	33.89	7.63	52.68	8.15	25.32	8.15	20.45	8.34
控制班（n=50）	30.42	6.80	48.78	11.08	24.16	8.11	19.94	7.03
显著性水平	$P < 0.05$		$P < 0.05$		$P > 0.05$		$P > 0.05$	

试题范围说明：A_1 为省统考客观题，A_2 为例题，A_3 为作业，A_4 为习题。

表 10-28　中师第一学年末《代数》（一）三次测试成绩比较分析表

	试题 B_1		试题 B_2		试题 B_3	
	x	s	x	s	x	s
实验班（n=47）	67.38	16.1	34.02	7.95	33.11	6.95
控制班（n=50）	60.4	16.4	32.74	9.45	29.42	9.30
显著性水平	$P<0.05$		$P>0.05$		$P<0.05$	

试题范围说明：B_1 为全学年内容　B_2、B_3 为上学期内容。

从以上表格的统计分析来看，在平均成绩和标准差上，尝试教学优于传统教学，可以这样说，运用尝试教学法的实验班比采用传统教学法的控制班，在知识保持力上有明显优势。

原因之一是尝试教学有利于学生的个性发展，在尝试练习中，学生的智力、情感和意志都得到了最大限度的开发。同时也得到了教师针对性的指导，把教师的教转化为学生的学。由于尝试题的答案是未知的，因此在尝试练习中发挥了学生的主动性。练习必须是有指导的，有指导的尝试优于教师的讲解，知识的保持力形成过程也是如此。

原因之二是尝试教学促进了学生对知识的理解。理解是知识保持的关键，尝试教学充分发挥旧知识的迁移作用，学习新知识的过程也是旧知识不断记忆、再认的过程，不断加深理解的过程。新、旧知识间的这种对立统一的辩证关系，促使知识系统化的形成。同时尝试教学也强化了学生的参与意识，激发了学生的学习兴趣。布鲁纳认为，一个人按照自己的兴趣和认知结构组织起来的材料，就是最有希望在记忆中"自由出入"的材料。

从上表中的平均数差异显著性水平上看，差异显著的四次考试有三次进行了复习，另一次虽然没有复习，但试题较特殊（例题）。从学过知识的时间上看也有远有近，这都说明尝试教学的实验班促使学生知识再认速度快、准确度高，和控制班比较有明显优势。

十、尝试教学对提高学生素质的实验研究

自 20 世纪 90 年代起，尝试教学法已提升为尝试教学理论，我在全国第六届尝试教学学术年会上提出：尝试教学理论必须为实施素质教育服务。后来我的文章《尝试教学是实施素质教育的有效途径》在《湖南教育》公开发表。此后，各地实验学校纷纷开展这方面的实验研究。

1.山东省莘县实验小学"尝试教学与小学生素质培养"的研究

（1）实验时间：1996—1997 年。

（2）结果与分析：实验班学生的素质明显高于对照班。见表 10–29：

表 10-29　语文、数学双科成绩对比

试别时间	班别 项目	n（人数）	x（平均分）	实验班超出对比班分值	备注
1996 年期末	实验班	60	166.3	2.8	语数双科
	对比班	61	163.5		
1997 年期末	实验班	60	181.5	16.1	语数双科
	对比班	60	165.4		

2. 江苏省宿迁市实验小学从多角度研究尝试教学如何提升学生素质

该校选择 1—3 年级 12 个班为实验班，另 12 个班为对照班。尝试教学能够促进学生积极主动地参与学习。针对学习是否积极主动，通过观察调查，实验班和对照班学生存在显著差异，结果见表 10-30。

表 10-30　实验班和对照班学习积极性对比

班级 参与率 项目	积极主动	较为主动	欠主动
实验班	77.3%	18.1%	4.6%
对照班	28.6%	43.8%	27.6%

实验班有 77.3% 的学生能够积极主动学习，而对照班只有 28.6%，相差 48.7%。这充分证明尝试学习是一种学生自主性的学习方式，而注入式传统教学方法是一种被动学习方式。

尝试教学是一种充分利用教科书自学的学习方式，能够有效地培养学生课前自学的良好习惯。实验班学生对课前自学的态度以及实验前后的变化，见表 10-31。

表 10-31 实验班学生自学态度变化

阶段＼百分率＼项目	课外天天自学	课外有时自学	课外没有自学
实验前	10.6%	40.5%	48.9%
实验后	35.4%	60.3%	4.3%
上升率	+26.2%	+20.8%	−41.3%

学生自学课本后，能否成功地解答尝试题，这也是判断学生自学能力高低的一个标志。这种能力可以分成三个等级水平。

A 等：能够正确无误地解答尝试题，并基本上能够说清算理。

B 等：能够基本正确地解答尝试题，但不能说清算理。

C 等：不能正确地解答尝试题，也不能说清算理。

实验班在实验前后的对比，结果见表 10-32：

表 10-32 学生解答尝试题水平的前后对比

阶段＼百分率	自学课本后解尝试题的能力		
	A 等	B 等	C 等
实验前	11.3%	39.8%	48.9%
实验后	47.1%	45.3%	7.6%
上升率	+35.8%	+5.5%	−41.3%

从上表中可看出，实验初期，实验班与对照班期末考试成绩基本相同，仅差 2.8 分，一年以后差距拉开了，相差 16.1 分，实验班得到明显提高。

把学生的创新精神分为五个等级：优、良、中、差、低。四、五年级实验班与对照班学生经过测定，结果见表 10-33：

表 10-33 学生创新精神对比

人数与 % / 班级人数 \ 等级	优	良	中	差	低
实验班 四年级（1）班62人	37 59.6%	16 25.8%	4 6.6%	3 4.8%	2 3.2%
对照班 四年级（2）班65人	17 26.2%	17 26.2%	14 21.5%	9 13.8%	8 12.3%
实验班五年级（1） 班61人	34 55.8%	16 26.2%	6 9.9%	3 4.9%	2 3.2%
对比班 五年级（3）班61人	18 29.5%	13 21.3%	20 32.8%	6 9.8%	4 6.6%

从上表数据中可看出，实验班学生获得优等、良等的比例明显高于对照班。

十一、发展学生思维能力的实验研究

1. 江苏省宿迁市实验小学

该校对学生的观察力和思维能力的发展进行研究，时间是从 1997 年到 2000 年。

他们把观察能力和思维能力分成三等：A 等、B 等、C 等。从 1—3 年级选出 12 个班级作为实验班，近 600 名学生；另外确定相应的 12 个班为对照班，对外不宣布。一年后，测定 A、B、C 三等学生占总人数的比例，以此判断实验班和对照班的差异，结果见表 10-34。

表 10-34 实验前后学生观察能力和思维能力对比分析

参与率 / 班级 \ 项目	观察能力			思维能力		
	A 等	B 等	C 等	A 等	B 等	C 等
实验班	59%	31.2%	9.8%	52%	36.8%	11.2%
对照班	23.4%	40.7%	35.9%	21.5%	38.1%	40.4%

从上表的数据分析来看，实验班学生的观察能力和思维能力优于对照班，差异十分显著。思维能力 A 等的学生实验班有 52%，对照班只有 21.5%，相差 30.5%。

小学数学的一题多解，能够测定学生思维的灵活性、深刻性和创新性。

六年级学生测试题：甲乙两地相距 500 千米，一辆汽车从甲地开往乙地，前 2 个小时行驶了全程的 20%，照这样的速度，这辆汽车到达乙地还需要几个小时？

表 10-35　实验班与对比班学生一题多解能力对比分析

人数　种数 班别	1 种解法	2 种解法	3 种解法	4 种解法	5 种解法	6 种解法	7 种解法
实验班（38 人）	35	34	32	25	19	9	8
对照班（38 人）	34	30	18	14	3	1	0

从上表数据中可看出，对照班学生一般只能想出 1—4 种解法，而实验班学生能想出 1—7 种解法，说明实验班学生思维活跃，有创见。

2. 江苏省泰州市刁铺镇第二中心小学

该校在小学数学尝试教学中开展指导思维策略的实验研究，他们从五方面对学生进行思维策略训练。

（1）启发学生质疑问难，以问促思；

（2）重视直观，借助表象，发展思维；

（3）以旧引新，促进迁移，启迪思维；

（4）进行逻辑推理训练，引导学生思维有始，思维有序，思维有据；

（5）指导学生多角度、多方面思考，正向逆向思考，克服思维定势。

经过一年多的实践，实验班学生在思维品质方面，无论是思维的深刻性、敏捷性、灵活性还是独创性，都显著地高于对照班。他们以六年级"比例应用题"为材料进行测试，结果见表 10-36：

表 10-36 思维品质对比分析

项目 班级	深刻性 正确率（%）	敏捷性 时间（分）	灵活性				独创性	
			一解	二解	三解	四解	一般解法（人）	新异解法（人）
实验班（30人）	99.6	13'29"	10	7	9	4	19	11
对照班（30人）	80.2	19'48"	22	5	2	1	28	2

从上表数据分析可以看出，注重思维方法的训练，特别是注重"以疑启思"，尝试教学法指导策略比常规教学更有利于培养学生的思维品质，促进学生思维的发展。

对学生思维品质的测定十分困难，在理论界也是一个难题。该校用解答应用题的正确率判定学生思维的深刻性，解题时间的快慢判定思维的敏捷性，有几种解法判定思维的灵活性，以是否有新异的解法来判定思维的独创性。这种测定方法简单易行，一所小学能想出这种测定方法也是一种创新。

十二、促进学生个性发展的实验研究

（1）研究者：湖南省慈利县教师进修学校卓韧。

（2）时间：1994—1995 年。

（3）目的：当时大部分研究着重在运用尝试教学法促进教学质量的提高上。本课题从另外一个视角，探求尝试教学同学生个性发展之间的关系。

（4）实验设计。

研究对象：

①按均等性原则选择实验班与对照班，两班学生素质和教师水平基本上相同。

②经筛选确定慈利教师进修学校附属小学五年级（18）班（54 人）为实验班，五年级（20）班（56 人）为对照班。

研究内容：

基础教育主要是促进学生以下五个方面个性心理素质的形成、丰富和完善。

①有自尊心、自信心、责任心、进取心和合作心；（代号O）

②心理健康，情绪乐观，有适应力，忍耐力，自制力和坚持力；（代号C）

③有独立性，好探索，乐于创造；（代号D）

④有鉴别真假、美丑、善恶的能力，有追求美的情感，创造美的能力；（代号B）

⑤有深厚的学习兴趣，求知欲强，有强烈的学习动机。（代号Q）

研究方法：

①本研究采用实验班与对照班都进行前后测试，在实验前进行问卷调查，学生自行评定等级，并对部分被试进行了个案调查。

②实验班从五年级第一学期开始全面实施尝试教学法，语文、数学、自然等课均采用尝试教学，并将有指导的尝试原则贯穿于活动课，对照班仍采用传统教学。

③经过一年的尝试教学实验，实验班与对照班学生重新进行问卷调查。

④问卷结果通过统计分析，具体考察尝试教学与个性发展之间的关系。

（5）实验结果与分析。

①实验前实验班与对照班学生个性发展水平比较。

结果表明（见表10-37），实验前，实验班与对照班学生个性心理发展水平基本上相同，仅仅在C项目上存在一定差异，通过Z检验达显著水平，其他各项及总体水平结果比较，两者的差异都未达到显著水平。

表10-37　实验前学生个性心理素质评定得分比较

因素 对象	O		C		D		B		Q		总分	
	X	S	X	S	X	S	X	S	X	S	X	S
实验班 （n=54）	14.54	2.35	15.23	3.07	12.81	3.15	9.52	2.25	16.40	2.10	68.50	8.05
对照班 （n=56）	12.27	2.28	16.41	2.81	12.20	3.01	10.15	2.70	15.78	2.38	67.81	8.39
Z检验	1.21		2.08		1.07		1.34		1.44		0.28	

②实验班实施尝试教学前后个性心理发展水平比较。

表 10—38 结果表明，通过实施尝试教学，学生个性心理素质得到显著提高，在 O 项目、D 项目及总分上，实验前后差异非常显著，B 项目、Q 项目得分差异也达到显著水平，仅 C 项目上实验前后差异不明显。

表 10-38　实验班学生实验前后个性心理素质评定比较

因素 对象	O		C		D		B		Q		总分	
	X	S	X	S	X	S	X	S	X	S	X	S
实验前	14.54	2.35	15.23	3.07	12.81	3.15	9.52	2.25	16.40	2.10	68.50	8.05
实验后	16.40	2.41	16.01	3.10	14.92	2.81	10.63	2.61	17.38	2.54	75.34	7.92
Z 检验	4.04**		1.30		3.70**		2.41**		2.06**		4.44**	

（*表示差异显著，即 $P<0.05$，**表示差异非常显著，即 $P<0.01$，下同）

③实验后实验班与对照班个性心理发展水平比较。

从表 10—39 呈现的结果来看，实验班实施尝试教学后，其个性心理发展水平明显优于对照班，在 O 项目、D 项目、Q 项目及总分上二者差异均达到非常显著水平。但在 C 项目、B 项目上差异不明显。

表 10-39　实验后学生个性心理素质评定比较

因素 对象	O		C		D		B		Q		总分	
	X	S	X	S	X	S	X	S	X	S	X	S
实验班 （n=54）	16.40	2.41	16.01	3.10	14.92	2.81	10.63	2.61	17.38	2.54	75.34	7.92
对照班 （n=56）	14.51	2.62	16.82	3.28	12.31	3.05	10.82	2.92	14.12	3.01	68.58	8.41
Z 检验	3.14**		1.37		4.58**		0.36		6.15**		4.33**	

从调查研究的结果来看，尝试教学确实能促进学生个性发展，尤其在以下几个方面表现更为明显：

①尝试教学有利于学生自尊心、自信心、责任心、进取心和合作性的完

善和发展。

②尝试教学能培养学生的独立性、探索精神和创造力。

③尝试教学能激发学生的学习兴趣和学习动机，还能增强学生的求知欲。

④良好的个性心理素质有助于学生尝试成功。

（6）结论。

本研究初步探讨了尝试教学与个性发展之间的关系，主要结论如下：

①尝试教学能促进学生个性发展，是实施个性教育的有效途径之一。

②良好的个性心理素质有利于实施尝试教学。

十三、促进大面积提高教学质量的实验研究

教学改革的根本着眼点在于提高全民族的素质，为现代化建设培养所需要的人才。教学方法的改革必须讲求实效，一种教学法实验的成败，主要看是否有利于大面积提高教学质量。我国是一个发展中国家，中小学大部分在农村，目前农村的教学条件还较差，一种先进的教学理论必须符合中国广大农村教学工作的实际。

30 多年来，来自全国各地的几万份实验报告表明，实验工作取得了积极的效果，不管城市还是农村，不管沿海还是边疆，都大面积提高了教学质量。

特别有说服力的是四川省忠县的资料。该县从 1983 年开始实验尝试教学法，后在全县推广应用，使小学数学、语文各科的教学质量都得到大面积提高。该县在 1982 年，小学毕业生语文、数学双科的及格率只有 18.1%，1983 年以后逐年提高，已达到 98% 左右，见图 10-2：

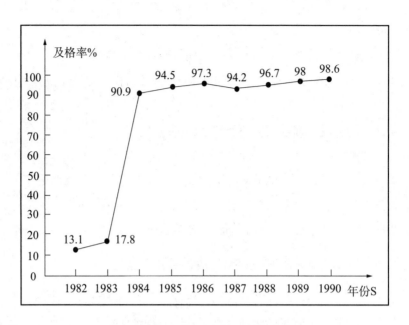

图 10-2　忠县语文、数学双科及格率统计图

　　四川省忠县（现属重庆市）是边远山区，原来教学质量很低，1982 年小学毕业考试成绩语文、数学双科及格率只有 13.1%，也就是说约有 87% 的学生是学困生，质量之差，触目惊心。1983 年在全县语文、数学教学中引进尝试教学法后，仅用一年时间，及格率上升到 90.9%，以后每年都在 95% 左右。忠县是个农业大县，有百万人口，每年小学毕业生都有 95% 左右的及格率，乃是教育上的奇迹。

十四、应用尝试教学理论提高教师素质的实验研究

　　（1）课题负责人：湖南省张家界市教育科学研究所甄腊、李克勤。

　　（2）时间：1992—1995 年。

　　（3）实验设计：张家界市前身是湖南省湘西自治州的大庸县，地处偏远农村山区，后因开发张家界风景区而组建新市。原来由于师资水平差，造成教学质量低下。

　　他们先在小学数学教学中全面推广应用尝试教学法，以此提高教师水平，从而提升教学质量。

　　（4）实验结果与分析。

　　从 1992 年开始，经过 3 年的努力，他们收到了预期的效果，研究课题

顺利结题，并受到湖南省教科所的充分肯定和表彰，研究报告在《湖南教育》（1995 年第 10 期）上公开发表。研究结果表明，尝试教学理论的推广应用，促进了教师学习教育理论，转变了教育思想，提高了他们备课上课的水平以及增强了教育科研意识。教师素质提高了，又推动了教学质量大面积的提高。

根据课题组编拟的实验成果检测工具（问答试卷、评估量表、会考试题）去衡量教者的现代教学思想，去测试教者对尝试教学法的领会程度，去检查教者的教学设计，去检验教者灵活的教学过程，去证实学生学习目标的达成效果。详见表 10–40、10–41、10–42。

表 10–40 教师掌握尝试理论前、后测试均数差异显著性检验

项目 序号	N	X	S	R	SE_{DX} SE_{DS}	Z	P	差异显著性
前测	32	51.6	15.03	0.79	1.80	17.38	< 0.01	非常显著
后测		82.9	7.51		1.49	9.42		

检验结果说明，执行实验计划，老师们掌握、运用尝试教学法理论的综合水平提高很快，并且团体内部差异大大缩小，采取的措施很有效。

表 10–41 教师备课、教课评价前、后差异对比

项目 序号	N	X	S	T	P	X	S	T	P
前评	32	70.8	8.9	8.82	< 0.01	60.7	11.8	92.8	< 0.01
后评		94.5	4.4			93.8	4.5		

从上表可以看出，实验后教师的备课、教课质量提高很快，差异非常显著。

表 10-42　尝试教学法实验成果评价结果

项目 年度	基础理论	教学设计	教学实施	教学成效	合计
1993 年上期	7.0	22	28.3	14.3	71.6
1995 年上期	9.3	28	35.9	19.3	92.5

　　从上表可以看出教师的业务综合水平提高幅度较大（开始总评分较高是因为城镇完小引进尝试法时间较早）。

　　三年来，尝试教学法使农村山区教师的素质大幅度提升，实在是一件了不起的大事。教师素质的提高，带动了教学质量的稳步上升。小学数学毕业会考成绩有了大幅度提高。见表 10-43：

表 10-43　张家界市小学数学毕业会考成绩统计

年度 项目	实验前		实验后	
	1991 年	1992 年	1993 年	1994 年
平均分	69.1	76.1	81.4	85.1
合格率（%）	75.5	84.7	90.5	93.2
优秀率（%）	31.6	49.4	61.4	64.3

　　尝试教学实验好比一所大学校，培养了一大批教师，他们既提高了教学水平，又学会了开展教育科研工作，从而推动了教学质量的提高，达到了双赢的目的。

　　尝试教学法实验研究，在提升教师素质的同时，也提高了教师的教育科研能力。实验学校很大一部分在农村山区，教师的教学水平和科研水平都很低，更有一些教师是第一次接触教育实验。他们在实验中长成，在研究中提高，成长为教育科研型教师。

　　另外，我们再从四川省忠县及辽宁省大连市一所学校的实例，看尝试教学实验对教师专业化成长的影响。

　　四川省忠县 1981—1983 年教师的教育科研成果见表 10-44：

表 10-44　四川省忠县教师科研成果统计

实验规模			教学活动						论著获奖、发表			
实验教师（占总数%）	学校（所）	班级（个）	教研会（次）		公开课（节）		县级获奖（节）	拍成录像（节）	出版书刊		刊物发表	地县获奖（篇）
			县级	区乡级	县级	区乡级			本	册		
58	85	2600	26	104	286	1300	74	15	2	8000	14	86

下面再从一个学校的统计数据来看，辽宁省大连市开发区东山小学通过四年（1992—1995 年）的实验研究，在教育科研上实现了零的突破，并取得了丰硕的成果，结果见表 10-45：

表 10-45　辽宁省大连市开发区东山小学教师科研项目统计

优秀课						优秀论文					教案			说课		全国竞赛指导奖	荣誉称号
引路课	观摩课	评优课				国家级	省级	市级	区级	发表	国家级	省级	市级	国家级	市级	含英语奥赛、数学华杯赛	全国先进工作者
		国	省	市	区												
16	31	3	6	12	21	52	21	35	71	23	13	8	16	10	12	23 人次	6 人

十五、培养幼儿尝试精神的实验研究

在中小学实施尝试教学法取得成功的基础上，1992 年我又进一步提出尝试教学理论的构想，试图把尝试教学法提升到尝试教学理论，为此在全国开展了新一轮的实验研究。既然是一种教学理论，它反映的是教育的普遍规律，应该适合各个学龄段，由此我萌发了把尝试教学思想延伸到幼儿园的想法。

这项研究，首先在江苏省常州市 5 所幼儿园开始实验，后来逐步扩大，有江苏、上海、浙江、山东、湖北、湖南、河南、广东、重庆等地 300 多所幼儿园参与，举行了 10 多次幼教尝试创新研讨或观察活动，成为中国幼教改革的重要流派。

研究课题确定为"培养幼儿尝试精神"，明确幼儿教育的着眼点是培养人的一种精神，也就是尝试精神。因此，在幼儿教育中不能生搬硬套中小学的尝试教学模式，不强求幼儿的尝试结果，而重视尝试的过程，在尝试过程中激发他们的尝试精神。尝试精神一般包含三个方面：尝试意识、尝试态度和尝试能力。尝试意识主要是解决敢于尝试的问题，尝试态度主要是解决乐于尝试的问题，尝试能力主要是解决善于尝试的问题。

在幼儿教育中，重点培养幼儿的尝试意识和尝试态度。对于周围世界和未知的问题，都能敢于尝试、乐于尝试，做到做不到，试一试就知道。让孩子从小养成"敢为天下先"的大无畏精神，这比教他们书本知识更为重要。

从培养21世纪人才素质的高度来看，要培养开拓型、创造型的人才，必须从娃娃抓起，从人的早期教育入手。从小培养幼儿活泼好问、一问到底、敢想敢做、勤学乐学、专心致志等优良品质，这是教育上具有战略性的重大措施。

1. 衡量幼儿尝试精神的评价指标

从哪些方面培养幼儿的尝试精神？江苏省常州市北环幼儿园的研究确定了15个方面：

（1）对陌生人或陌生环境的态度； （2）对上幼儿园的态度；

（3）进餐的能力和习惯； （4）穿脱衣服、鞋袜的能力；

（5）自理大小便的能力； （7）学习活动中发言的态度；

（7）对体育游戏活动的态度； （8）对周围事物的态度；

（9）对周围事物的观察能力； （10）对操作材料的态度；

（11）学习和游戏时遇到困难的态度；（12）对教师和家长布置任务的态度；

（13）在游戏和劳动活动中的态度； （14）创新意识和创造能力；

（15）情感、心理品质和个性倾向。

2. 幼儿尝试教育活动的原则

上海市杨浦区翔殷路幼儿园提出六大原则：

（1）尝试指导原则； （2）动态性原则；

（3）巧妙设问原则； （4）反馈矫正原则；

（5）合作互补原则； （6）乐学原则。

3. 创设良好的尝试环境，提供幼儿尝试活动的物质基础

幼儿的尝试活动，主要是通过游戏、操作、观察等活动进行。常州市北环幼儿园、宜昌市机关幼儿园等都重视尝试环境的布置。在园内布置一个专为幼儿操作的尝试环境，里面有半成品玩具、模型、进行科学实验的器具等，大到电视机，小到一针一线。同时还利用起班级内的各个活动角，如自然角、语言角、图书角、音乐角等。还可布置创造性游戏的场景，如娃娃之家、医院、点心店、商场、水果店、修理店等。

4. 设计尝试问题，是幼儿尝试活动的核心

尝试教学的关键是必须有尝试问题，用尝试问题引导孩子进行尝试活动。幼儿园没有教科书，可选择幼儿周围感兴趣的事物来设计尝试问题，许多幼儿园都有成功的案例。

（1）沉与浮。预先准备好尝试环境，用一个或几个大盆装满水，周围放着许多材料，如塑料玩具、木块、铁片、木夹子、小瓷杯、塑料尺、铁皮尺、一元硬币、铅笔、钢笔等。

教师提出尝试问题："这些东西丢到水里，哪些东西沉下去了？哪些东西浮在水面？"孩子饶有兴趣地把一件件物品丢到水里，然后观察到木块、塑料等浮在水面，铁片、小瓷杯、钢笔等沉到水里。教师可以提问："什么原因呢？"幼儿可能会说："重的东西沉下去了，轻的东西浮在水面。"到这里，幼儿尝试活动就算成功了，不必再深究下去。

以后可进一步提出有一定难度的问题：怎样让铁皮浮上来，塑料玩具沉下去？让幼儿在水盆里摆弄，有的孩子可能会发现，把铁皮放在木板上可以浮上来，有孔的塑料玩具灌满水就可以沉下去，木块压上更大的铁块也会沉下去。

（2）磁铁的奥秘。

我们再来看河南省栾川县实验幼儿园提供的案例。桌子上放着各种各样的小物品，如小刀、塑料玩具、铁钉、塑料瓶、小瓷碗、小塘瓷杯、铁丝等，让幼儿用磁铁去吸这些东西，教师一面引导孩子观察，一面提出问题："小朋友，你们发现了什么？"幼儿回答说："有的东西可以吸起来，有的东

西吸不起来。"教师要求幼儿把能吸起来的东西放在一边，吸不起来的东西放在另一边。再让幼儿观察，然后得出初步结论：带铁的东西可以吸起来，不带铁的东西吸不起来。这个观察会立即引起幼儿的好奇，幼儿会问为什么，教师无法直接回答，可以让他们请教别人，如自己的父母和长辈。只要让孩子感到好奇，我们就成功了。

5.实验研究的结果

各地幼儿园的实验研究结果，都取得了良好的效果：激发了幼儿的学习兴趣，推动了幼儿的自主发展，培养了幼儿的尝试精神和创新精神，提高了幼儿的动手能力、合作能力、交往能力和思维能力。

常州市北环幼儿园采用对比实验方法进行研究，结果见表10-46、10-47、10-48：

表 10-46 幼儿对活动室（角）的兴趣的表现

班别	人数	从来不去		很少去		有时去		经常去	
		人数	%	人数	%	人数	%	人数	%
实验班	100					20	20%	80	80%
非实验班	100	10	10%	30	30%	25	25%	35	35%

表 10-47 幼儿参加科学探索活动的表现

班别	人数	被动参与		很少主动参与		有时主动参与		经常主动参与	
		人数	%	人数	%	人数	%	人数	%
实验班	100					10	10%	90	90%
非实验班	100			30	30%	35	35%	35	35%

我们把幼儿的尝试精神分成 A、B、C、D 四等（好、比较好、一般、较差）。实验班与非实验班在实验前后进行测查，结果表明，实验班幼儿的尝试精神有了较大的提高。

表 10-48　幼儿尝试精神的变化

班别	时间	人数	A		B		C		D	
			人数		%		人数		%	
实验班	实验前	100	13	13%	31	31%	35	35%	21	21%
	实验后	100	58	58%	37	37%	5	5%		
非实验班	实验前	100	14	14%	35	35%	29	29%	22	22%
	实验后	100	26	26%	47	47%	15	15%	12	12%

第11章　教育科学研究方法的入门知识

一、开展教育科学研究的意义

1. 开展教育科学研究是促进学生全面发展，进一步提高教学质量的需要

从目前情况来看，造成教学质量不高和学生作业负担过重的主要原因是，教师没有掌握教育规律。虽然工作含辛茹苦，却没有取得相应的效果。

有些教师教学实践经验相当丰富，可是他们没有把宝贵的经验上升为理论，往往带有一定的局限性。由于缺乏理论的指导，又不能及时总结和研究，优秀的教学经验往往走向自生自灭的道路，非常可惜。

因此，目前应该积极开展教育科学研究，探索教育规律，挖掘成功的传统经验，进而创造新经验，探索新路子，向教育科学要质量。

2. 教育科学研究是深入进行教育改革的需要

纵观世界教育改革浪潮的总趋势，我们可以清醒地看到：把教育发展和改革全面纳入科学研究的轨道，才能形成不间断的改革与创新的局面。

教育战线不同于其他生产战线，在改革中稍有不慎，就会影响人才的培养和成长，其损失是难以挽回的。因此，必须开展系统的教育实验与研究，进行缜密的科学论证，把教育科学研究和教育改革实践紧密结合起来，才能保证和推动教育改革的顺利进行。

新世纪开始的新课程改革已进行近 20 年，我们应该通过教育科研，认真总结经验教训，以便进一步深化改革。

3. 推动中国教育理论发展的需要

长久以来，中国教育理论界崇洋媚外，先是学日本，后来学美国，新中

国成立以后又全盘苏化，改革开放以来，国外各种各样的教育思潮和教学流派涌进中国。我国是社会主义大国，正在实现中华民族的伟大复兴，因此在教育上必须走自己的路，我们迫切需要在继承和发扬中华教育优良传统的基础上，建立具有中国特色的教育理论体系。

我们对教育规律的认识，必须从教育实践中来，在教育实践中发现它、认识它和利用它。但是教育现象是错综复杂的，只有有目的、有计划、有系统地开展教育实证研究，才能找到教育现象之间的本质联系，发现规律性的东西。

因此，要想发展教育理论科学，就必须广泛、系统地开展教育科学研究活动，通过教学经验总结、教育调查、教学实验等方法，积累丰富的材料，并经过去粗取精，去伪存真，由此及彼，由表及里，从大量错综复杂的教育现象中获得规律性的认识。

实践是检验真理的唯一标准。把从教育实践中得到的规律性的认识再放到教育实践中去检验，不断丰富和提高，从而得到比较科学的结论。

涓涓细流可以汇成大海。如果全国广大的教学法工作者和中小学教师共同努力，进行多方面、多角度、多层次的教学研究，必将促进建立和发展我国的教育理论体系。

4. 开展教育科学研究是培养教育科研人才的需要

我国的教育科学专业研究人员太少，急需培养一批既有理论知识又有实践经验的研究人员。广大教育工作者可以通过各种层次的教学研究，不断成长，逐步成为教育科学研究型人才。我国将来就有可能出现一支规模宏大的教育科学研究队伍。

此外，通过教育科学研究可以有效地提高教师的教学水平和教育科研水平。教师的职称评定必须承担教育科学研究任务，且要写出理论联系实际、具有一定水平的经验总结、科研报告或论著。这是教师从经验型向科研型发展的重要途径。

教师必须改变对科研工作的神秘认知，不要认为教育科学研究高不可攀。事实上，教师直接参与教学研究有许多有利条件：

（1）教师在教学第一线，熟悉教材，熟悉教学。教师亲自研究新教材和新教法，具有切身体会，感受比较深刻。

（2）教师熟悉学生，容易接近学生，了解学生。一种新教材或新教法的效果如何，学生的反应是极为重要的。教师同学生天天在一起，便于观察学生的反应，这对研究工作是十分有利的。

教育实践工作者如果同时又是教育科学研究工作者，这是很理想的。世界上一些大教育家都是教师出身，例如中国的孔子、朱熹、陶行知，国外的夸美纽斯、马卡连柯、苏霍姆林斯基等。广大教育工作者应该解放思想，认真钻研教育理论，细心积累资料，努力学习掌握科学的研究方法。边实践、边研究、边学习、边提高，为繁荣教育科学研究贡献自己的一份力量。

二、教育科学研究的基本方法

从事教育科研工作，必须认真学习适用于研究教育现象的科学方法。选择正确的研究方法，才能得到可靠的结论。目前经常运用的基本方法有八种，简要介绍如下。

1. 观察法

对研究对象作有目的有计划的观察，这是我们经常运用的一种方法，叫作观察法。按照一定的计划进行系统的观察，能获得第一手资料。例如，为了总结一位优秀教师的经验，必须系统地听课，在课堂教学的整个过程中观察该教师的教学方法和学生的反应。又如，为了研究学困生问题，要对他们进行系统的观察。

应用观察法的要求是：

（1）对观察对象原先的活动不能给予人为的干扰，让观察对象处于自然状态。

（2）有条件的话，最好不要让观察对象发觉你在观察他的言行，这样获取的资料更真实。

（3）观察应该有目的、有计划地进行。

（4）观察要认真记录。有条件的话，可采用录音机和录像机，使观察过程能反复再现，以便分析研究。

观察法的优点是：观察时不改变观察对象原先活动的条件，获得的是真实的资料；研究者亲自观察、纪录，得到的是第一手材料。

观察法的缺点是：由于不能改变对象的活动条件，仅能观察对象的外部表现，所以只能解决"有什么""是什么"这样一类问题，而不能解决"为什么"这一类因果关系的问题。此外，如果研究对象太多，比较分散，或者有的对象拒绝接受观察，这些情况下还必须配合其他研究方法。

2. 调查法

调查法是教学研究中常用的搜集资料的方法。它是一种间接观察法，主要是通过问卷、谈话、测验等手段，有目的、有计划地系统搜集有关资料。

根据调查的目的不同，可把调查分为三类：现状调查、区别调查和发展调查。

（1）现状调查——调查研究目前某一类学生或某一类教育现象基本特征的方法。这是调查研究中采用最多的一种类型。例如，某一地区学生的口算能力的调查、三年级学生解题能力的调查、小学生空间观念的调查、小学生学习兴趣的调查、教师使用教学方式的状况等。

（2）区别调查——也叫结构调查，就是调查研究两种教育现象之间有无联系或联系密切程度的方法。区别调查主要包括因果关系调查和相关程度调查。例如：

因果关系调查——三年级学生数学成绩为什么会大幅度下降，学生计算错误的调查等，尝试教学法对提高教学质量的影响，这些调查要求"由果索因"。

相关程度调查——语文成绩与数学成绩的相关，非智力因素与数学成绩的相关，口算能力与笔算能力的相关，动手操作能力与数学成绩的相关等。这种调查要确定两种教育现象之间的相关程度。

（3）发展调查——调查研究某一类教育现象随着时间的推移而发生变化的方法。发展调查主要包括追踪调查研究和横断调查研究。

追踪调查研究，是指对同一对象在不同时期进行多次调查，以观察他们在发展中的变化情况。如小学生口算能力的调查、幼儿尝试精神的调查、中小学数学的衔接、各年级学生解题能力的特征等。

横断调查研究，是指在几乎同一时间内对不同年龄的儿童进行相同的测验，以观察不同年龄阶段的差异及其发展情况，也就是在一个横断面上进行调查。例如，各年级解答应用题的能力，各年级学生作业习惯的调查等。

依据调查范围的不同，又可把调查分为全面调查、抽样调查和典型调查三种。

根据搜集资料的不同途径，调查的形式有：问卷调查、访问调查、测验调查、书面材料分析调查、开调查会等。

调查资料主要有两类：一类是书面资料，如教师教案、学生作业、测验试卷、工作计划、经验总结、档案以及报刊上发表的有关文章等。另一类是来自调查对象的口述资料，这是活的资料，十分重要，一般有录音、录像等资料。调查资料要力求全面、系统，要注意资料的典型性、客观性和真实性。口头调查要求调查对象说真话，反映真实情况。

教育调查是一种有目的、有计划的活动，需要有周密的计划和严格的工作程序，按调查过程的顺序，大致可以分为以下几个步骤：

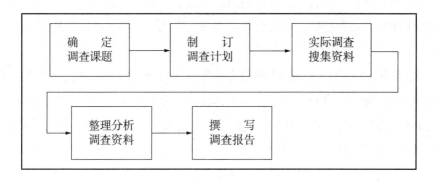

图 11 - 1　调查过程顺序

调查法具有以下一些优点：

（1）它是一种间接研究学生或教育现象的方法，基本上不受时间和空间的限制。

（2）它可以通过不同的手段从多方面去搜集反映教育现实的材料。既可以直接从研究对象身上获取资料，也可以向熟悉研究对象的第三者了解情况。搜集资料的速度快，涉及的范围广。

（3）它可以在自然的进程中搜集资料，方法比较简便易行。

互联网＋时代给教育调查带来了更大的空间和便捷。有了电脑，数据处理更简便、安全。

但调查法也有一定的局限性：只能揭示事物间的一般关系，而且是在自然的进程中进行的，缺乏严格的控制；被调查对象由于种种原因未能全面、真实地反映情况，所以调查资料在真实性和客观性上难免存在一定的问题。对此，大家必须格外注意。

3. 实验法

实验法是教学研究中的重要方法。它是在严格的控制下，有目的、有计划地组织教育教学活动，最后就实验效果进行分析比较，从而得出科学的结论。

教育实验与一般的经验总结是不同的。经验总结一般是在事后进行，如一位数学教师的教学效果很好，于是去总结经验，分析到底是什么原因致使教学效果好。由于是作事后分析，不一定能找准，也就是说未必能准确地反映事物之间的因果关系。教育实验则不同，如判断一种教学法是否有效，可以事先控制条件，有目的、有计划地组织教学，最后根据实验结果，就能比较科学地判定这种教学法是否有效。实验法能比较科学地确定事物之间的因果关系。

教育科学实验比自然科学实验来得复杂。因为自然科学实验一般在实验室里利用各种仪器进行，条件比较容易控制。而教学实验，一般在正常的教学过程中进行，控制条件较难，另外影响教学效果的因素很多，给分析研究带来了一定的困难。

一般情况下，影响教学效果的因素有以下几个：

（1）班级原有的基础（学生年龄、知识基础、智力水平、生活经验等）；

（2）学生的家庭条件（家长的知识修养、职业爱好、家庭的学习条件）；

（3）教师的教学水平与能力；

（4）教材的编排方法；

（5）教学方法的差异；

（6）教学时数和练习时间的长短等。

实验时，应该全面考虑以上各个因素。

实验法一般分为单组实验法、等组实验法和循环实验法三种。

（1）单组实验法。单组实验法是指向一组研究对象施加某一个或数个实验因子，然后测量其所产生的一种或数种变化，借以确定因子的效果如何。

例如，在各类学校或一批班级中，实验《小学数学实验教材》，用方程解应用题，用尝试教学法进行教学等。通过实验，可以检验新教材和新教法是否可行，效果如何。

这种单组实验法比较简单易行，条件也比较容易控制，但是实验效果只能证明实验的新教材和新教法是否可行，却无法进行比较。如要想证明新教材和新教法优于普通教材和传统教法，就需要采用等组实验法。

（2）等组实验法。等组实验法是指以不同的实验因子分别施行于两个或几个教学条件基本相等的组，然后比较其所产生的变化，得到比较科学的结论。例如"比和比例"有两种教学方案，第一方案采用传统教材，列比例式解比例应用题；第二方案采用实验教材，用列方程解比例应用题。运用等组实验法进行实验，一批班级用第一方案教，叫作对照班；另一批班级用第二方案教，叫作实验班。

采用等组实验法最关键的问题是，除了实验因子（如教材或教法）不同外，其他教学条件（如师资水平、班级基础、教学时间等）要求基本相等，所以叫作等组。

在等组的条件下，采用比较的实验方法，能较科学地确定一种新教材或新教法的优劣。但要选择教学条件相等的几个组是不容易的，而且要保证实验过程中除实验因子外，其他因素的影响也相等是很困难的。这点必须特别注意。

教学实践中有许多问题，如乘法口诀中的"大九九"与"小九九"，应用题分类与不分类，珠算加减法用不用口诀，尝试教学法与传统教学法的比较等，都可采用等组实验法得出比较正确的结论。为了使结论可靠，教学实验可以多次反复进行。

（3）循环实验法。循环实验法也叫轮组实验法，是把不同的实验因子，按一定的排列顺序，轮流施行于不同的班组，然后根据每个实验因子所发生变化的总和来决定实验的效果。例如，前面所说的，"比和比例"两种教学方案的实验，也可采用循环实验法。实验甲班先施行第一方案，然后施行第二方案；实验乙班先施行第二方案，然后再施行第一方案。又如一批班级先不要学生背加法口诀，后再要求背加法口诀，最后进行分析比较，检验哪一种教学方案更有利于学生的学习。

循环实验法与单组实验法、等组实验法比较有以下优点：

第一，在循环实验法中，两种教学方案（两个实验因子）都被每个教师实施过，都在每一班学生中实验过，所以，即使教师教学水平有高低，学生班级基础有好差，由于循环实验的结果把这些差异的情况所产生的影响平均分配给各个实验因子，对于实验因子无所偏向。因而不必严格要求各组教学条件均等，也省却了选择等组的麻烦。

第二，在循环实验法中，由于各个实验因子的实验次数增多，因而可以提高实验结果的正确性和可靠性。但是，这种循环实验法要轮换实施几种教学方案，如果处理得不好，可能要延长教学时间，自然也会增添许多麻烦，增加了实验的复杂性。

以上三种实验法各有利弊，应该根据实验要求和实际可能选择适当的方法或者几种方法结合使用，扬长避短。

教学实验比较复杂，需要严密组织，事先要制订周密详尽的实验计划。因为教学过程不能人为地重复再来，这样会失去真实性。如果事先考虑不周，该搜集的有关项目的资料被遗漏，那么所造成的损失是无法弥补的。

4.测验法

如果想要对学生的学习情况、思维特点以及心理特点作比较确切而深入的了解，那么需要根据研究要求，对学生进行测验。例如，想了解两个班级学生学习成绩的差异以及对某一知识的掌握程度等就可以使用测验法。

应用测验法既可以个别进行，也可以集体进行，甚至可以大面积进行。测验法在较短的时间内可以获取大量的数据，这是测验法的长处。

运用测验法的关键在于编好测验题或标准量表。例如，为了测定学生的口算能力，必须先编制一套科学的口算能力量表，然后对学生进行测定，这样测验才能取得预期的效果。又如为了研究儿童思维的特点，进行应用题测验，那就应该编好应用题的测试题，选择的题目，要能反映儿童的思维特点。又如要了解某个年级学生的数学教学质量，命题必须严格按照大纲，有了标准的试题，才能准确测定教学质量。

5. 作业分析法

学生的书面作业是重要的第一手资料。我们通过对学生数学作业的分析，能够了解学生掌握知识的程度和学生的思维特点，发现教学中存在的问题。

教师采用一种新的教学方法后，可以立即从学生的独立作业中得到反馈，从中可检验教学效果。例如，我们分析学生的应用题作业，研究他们的解题过程，可以发现儿童的思维特点。又如分析学生的作文，可以了解学生的文字基本功，文章的思路以及想象力等。

分析学生的作业应该认真、细致，要做必要的记录，典型的材料可以制成卡片保存起来。

6. 个案法

从研究对象中找出一个典型性的代表，加以深入细致的研究，称为个案法。这种研究方法也就是通常所说的解剖麻雀法。

记得我国研究小学算术教学法的前辈俞子夷先生曾写过一本书——《教算一得》，这本书记载了他在抗日战争时期，避难到山区，辅导一个后进生学习数学的情况。他采用的方法就是个案法。又如我国幼儿教育家陈鹤琴先生，为了研究幼儿心理特点，对自己的孩子进行研究，把孩子每天的表现和变化记录下来，这也是使用个案法的典型案例。

我们可以采用个案法对后进生进行研究，从造成后进生的原因，后进生的思维特点，转变后进生的方法等方面进行分析研究。通过解剖一只"麻雀"，可以从中发现解决后进生问题的一些线索。研究学生智力发展，也可采用个案法。通过对个别学生的深入研究，寻找学生智力发展的规律。

采用个案法，特别要注意选择的对象要具有代表性。同样，应该制订周密的计划，在学习过程中进行观察、测验、作业分析、谈话，并做详细的记录。

7. 文献法

文献法就是通过查阅已有的文献资料来了解所要研究的问题的方法。例如，为了研究某一问题，查阅图书和报纸杂志上已经发表过的文章和实验报告，了解国际、国内对于这个问题的研究情况。又如为了研究某一问题，需要查阅地方教育史料、学校档案资料、教学工作计划、备课笔记等。这个方法也可以说是为了掌握情报、了解情况。

任何一项科学研究都不会凭空而起，是建立在前人研究成果的基础上的。首先必须阅读与自己研究课题有关的文献资料，了解在同一领域别人的研究达到的程度，以及目前研究的动态，从而在前人的研究基础上确定自己的主攻方向。

这是一种很重要的研究方法。如果你确定的研究课题是别人已经解决了的，并已发表了论文，你再盲目地重砌炉灶，从头搞起，那么只能重复别人的东西，没有多大价值。

在教育科学研究中，要学会查阅资料，这是非常重要的。可利用图书馆的图书目录卡片，教育杂志上的资料索引，还可以利用互联网检索资料。现在是互联网时代，利用百度、360搜索，什么资料都能搜索出来。利用互联网查阅资料，是一个研究工作者必备的能力。

教师平时要注意积累资料，学会做资料卡片，养成边看边记的习惯，把看到的资料扼要地记在卡片上或电脑上存档，以便查找。也可采用剪贴的方法，把报纸杂志上有用的资料剪下，分类贴在活页夹里，这种方法可以省去抄写的时间，既简单又方便。当然利用电脑剪拼更方便。

一般撰写论文或研究报告都要在文后列出参考文献的目录。

8.统计法

通过观察、调查、测验等，我们可以获得许多数据，这是极重要的第一手资料。处理这些数据就需要运用统计法。通过统计处理，可以用数据来掌握整体情况，用数据来精确呈现研究结果，科学的结论必须有精确的统计数据作为依据，统计数据是重要的理论支撑。

统计法是科学研究中的定量的方法。马克思曾指出："一种科学只有成功地运用数学时，才算达到真正完善的地步。"客观存在的一切事物都是质和量的统一体。定性是定量的前提，定量则是定性的精确化。因此，教育科学研究中，不但要有定性描述，而且还要有定量分析。

教育统计是专门介绍教育科学研究的数量化方法，我们需要系统学习。以下介绍几种常用的教育统计公式。

（1）算术平均数——用来表示数据的集中趋势，即一组数据的代表值。

这是经常用到的，通常叫作一个班或一个学校的平均成绩。一般用 x 表示，计算公式是：

$$\overline{x} = \frac{\sum x_i}{n}$$

"$\sum$"（读作"西格马"）表示连续求和的意思，x_i 表示各个观察值，n 表示观察值的个数。

（2）标准差——用来表示数据的离中趋势，即数据大小的分散程度。标准差可以用来分析集中量的代表性。如果标准差大，说明样组内部差异大，所以它的平均数代表性就小；如果标准差小，说明样组内部差异小，所以它的平均数代表性就大。通俗来说，标准差大说明班级内学生学习成绩两极分化大；标准差小说明班级内学生学习成绩两极分化小，比较均衡。因此可以从标准差的大小，看出学生学习成绩是否均衡。在比较两个样组的平均数时，必须结合它们的标准差才能作出科学的结论，标准差的计算公式是：

$$S = \sqrt{\frac{\sum (x_i - x)^2}{n}}$$

$$标准差 = \sqrt{\frac{各观察值对平均数的离差的平方和}{观察值的个数}}$$

（3）相关系数——表示两个变量相关程度的变量，用 r 表示。相关系数的计算公式是：

$$r = \frac{\sum x_i y_i - \frac{1}{n}(\sum x_i)(\sum y_i)}{\sqrt{\left[\sum x_i^2 - \frac{1}{n}(\sum x_i)^2\right]\left[\sum y_i^2 - \frac{1}{n}(\sum y_i)^2\right]}}$$

式中 $x_i y_i$ 表示两个样组的各个观察值，n 是观察值的个数。

相关系数的值在 -1 和 1 之间，当 r > 0 时，显示正相关；r < 0 时，显示负相关；r=0 时，显示零相关。两个变量相关的程度愈大，相关系数的绝对值就愈接近 1。但相关程度的推断，还要通过统计检验。

相关系数的计算比较麻烦，现在有了计算器和电脑就比较方便，只要输入相关数据，就能很快得到结果。

（4）t检验，也称两个样组均数差异的检验。在教育科学研究中，我们常常要比较两种教学方法、两种教材等的差别。即在两种不同的实验条件下让学生学习，然后看两组学生的平均成绩是否有差别，来判断两种实验条件是否有差异，差异的程度有多大。统计检验有多种方法，一般采用t检验的统计方法。t检验的公式是：

$$t = \frac{\overline{x}_1 - \overline{x}_2}{\sqrt{\dfrac{(n_1 - 1)\,S_1^2 + (n_2 - 1)\,S_2^2}{n_1 + n_2 + 2}} \cdot \sqrt{\dfrac{1}{n_1} + \dfrac{1}{n_2}}}$$

式中 n_1、n_2 分别是两个样组的人数，x_1、y_2 分别是两个样组的平均数，S_1、S_2 分别是两个样组的标准差。

算出 t 值后，还要进行统计处理，才能判断差异是否显著。

以上简要地介绍了教学研究的几种基本方法，其中前三种方法——观察法、调查法、实验法是主要的，其他的是辅助方法。这些研究方法是互相联系的，必须结合使用。许多教育科学研究项目的完成，实际上是各种研究方法配合使用的结果。例如进行一项教学实验，除应用实验法外，还要结合使用文献法、测验法、统计法等。又如，运用个案法对典型学生进行深入研究，也要结合运用文献法、观察法、统计法等。

三、教育科学研究的一般步骤

教育科学研究有不同层次和不同形式，采用的方法不同，研究的步骤也不一样。这里简要介绍一般的研究步骤，大体可以分成如下六步：

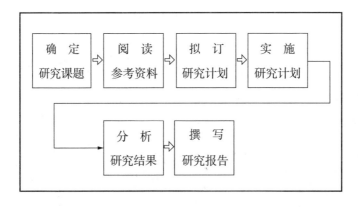

图 11 - 2　研究步骤

1. 确定研究课题

教育科学研究的第一步工作，就是选择和确定研究课题。有了课题，研究才有目标。一般来说，确定课题比解决课题更困难，这是研究策略中的起点。如果课题选得恰当，就能保证研究的成功。

确定研究课题要根据需要与可能两个方面。需要是指教育实践和教育理论中需要解决的问题；可能就是要根据自己的条件，慎重考虑自己能否完成课题。选择课题时必须把需要与可能两者结合起来考虑。

如果是初次开展教学研究，出于经验不足，研究能力有限，选题宜小不宜大，这样便于掌握，容易见效。如果题目太大，研究不易深入，效果不好。例如，"小学生形成计算能力的规律"这个题目较大，可以把题目缩小，改成如"口算与笔算的关系""怎样培养学生的估算能力""20 以内进位加法要不要熟记口诀""20 以内退位减法的几种计算过程的研究"等。又如，"小学生形成几何初步概念的规律"这个题目太大，可改成"小学生怎样形成面积概念"或"动手操作在形成面积概念中的作用"等。"尝试教学法在小学中的运用"这个题目太大，可改成"尝试教学法在小学计算教学中的应用"或"尝试教学法在低年级阅读教学中的应用"等。

作为教师要选择自己所熟悉和了解的课题，最好同自己的教学工作结合起来，同时也要考虑自己是否力所能及。必须考虑的条件有：

（1）本人从事研究的理论水平和专业知识；

（2）是否有可能获得该项研究的资料；

（3）是否具有研究的必要设备和材料；

（4）是否有研究的时间等。

综上所述，衡量一个课题选择得是否恰当，一是看课题是否有价值，二是看课题是否具备解决的条件。

2.阅读参考资料

研究课题确定以后，接着就要搜集和阅读有关的参考资料，尽可能了解这个研究课题的历史和现状。这就是前面谈到的文献法。

研究工作中掌握"情报"很重要，不要重复别人研究过的东西，而要在别人研究的基础上继续提高。

其实，在研究的整个过程中，确定研究课题、分析研究结果、撰写研究报告，都要随时阅读参考资料和文献，不断使研究深化。

一般阅读的参考资料和文献有三种：（1）专题著作；（2）报纸和教育杂志中的有关研究文章；（3）各种教学研讨会的论文集、内部翻印的经验介绍、教学实验报告等。

3.拟订研究计划

教育科学研究是一项高度复杂的探索性工作，因而特别需要加强计划性。拟订研究计划必须符合以下三个基本要求：

（1）科学性。拟订研究计划首先要符合科学性，不论是在研究对象、研究步骤的安排上，还是在数据处理、具体操作上，都要符合科学性。

（2）可行性。研究计划中，提出的要求和措施都要符合实际情况，计划要制订得具体明确、切实可行，做到便于实施，便于控制，便于检查。

（3）有效性。制订的研究计划，不仅要保证研究的顺利进行，而且在人力、物力、财力的使用上要精打细算，以求高效率、高质量地完成研究任务。

如果采用实验法进行研究，就要认真制订教育实验计划（又称实验设计）。实验计划一般包括：

（1）实验目的和要求。实验设计首先应该说明准备解决什么问题，解决这一问题有什么价值。有时也要阐述课题的来源，概述前人在这方面的研究情况及自己打算解决的程度。

（2）实验对象。选定实验班级，说明实验班级的情况。如果采用等组实验法，要分析两个班级的条件是否基本相等，采用哪些办法控制条件。

（3）实验方法。根据实验目的和条件选用适当的实验方法。如实验因子是如何操纵的，实验班拟采取哪些实验措施，它与对照班有什么区别等。

（4）实验效果的检测。反映研究对象的观察指标，从哪些方面去评价实验的结果，需要搜集哪些原始资料和实验数据，实验数据采用何种统计方法处理等。

（5）实验步骤。具体规定实验的步骤以及每一步的大致时间。

4. 实施研究计划

实施研究计划是研究工作中的主体阶段。把计划变成现实，必须脚踏实地地做大量工作。预先准备好实验教材、各种表格、试卷等。有时参与实施研究计划的人员较多，还需进行培训。

除特殊情况外，必须严格按照研究计划开展工作，不能随意更改。

实施计划时，特别要重视按规定及时搜集研究资料和数据，尽力避免遗漏，切勿误时。一般研究工作都是在教学常态下进行的，不可能重复再来。

在实施计划的过程中，要随时做好记录，不能怕麻烦，这种原始资料是极为宝贵的。

5. 分析研究结果

通过研究和实验，我们获得了许多原始资料和实验数据。必须对这些研究结果进行整理与分析，然后才能得出科学的结论，这是研究工作中极为重要的一步。分析研究结果必须注意如下几个问题：

（1）材料本身必须是真实的、典型的、有效的。必须鉴定材料的真实性，剔除不真实的材料，否则无法得到科学的结论。

（2）在整理材料的时候，必须坚持实事求是的科学态度。千万不能根据自己预定的观点去找材料。把局部的、特殊的、偶然的东西夸大为规律性的东西，以一概全，就会引出片面的、错误的结论。比如，为了证明一种教学方法好，就选用少数优秀学生为例；为了证明另一种教学方法差，就选用少数学困生为例。这些都不是科学的态度。

（3）搜集材料时的观察和记录必须准确全面。观点和结论必须建立在第一手材料上，第二手材料只能作为参考、辅助或补充。

（4）原始材料和实验数据要经过统计处理，还必须经过统计检验。

（5）分析讨论必须实事求是，在大量的、真实的材料基础上进行分析研究，然后才能得出科学的结论。

6.撰写研究报告

这是研究工作极为重要的一步，也是最后一步。研究报告是研究工作全过程的缩影，是研究结果的文字记载。一项课题研究，按照周密完善的研究计划，取得了丰硕的研究成果，如果研究报告没有写好，研究成果就不能全面、准确地呈现出来，必将严重影响研究成果作用的发挥。

四、研究报告的撰写

研究报告可分为不同的类型，如调查报告、实验报告、结题报告、典型经验报告、学术论文等。

撰写研究报告没有统一的格式，但一般均含有以下几个部分：题目，问题的提出（也可称前言），研究方法，研究结果，分析与讨论，结论，参考文献。下面分别简要地予以介绍。

1.题目

研究报告的题目必须明确，点明题意，反映报告的主要内容，使人们一看题目就能大体知道这篇报告讲些什么，并产生阅读全文的兴趣。

题目尽量简短，不要拖泥带水。有时，为了更充分地反映主要内容，可以采用加副标题的办法。例如下列的题目就比较明确："比和比例两种教学方案的实验研究""多步应用题两种教法的初步研究""改革小学数学考试方法的实验报告""小学生口算能力的调查报告""尝试教学法促进学生创新精神的研究"等。

2.问题的提出

这一部分是研究报告的开场白，要讲清楚为什么要研究这个课题，即研究的现实意义，并介绍该研究课题的历史和现状，也就是文献综述。

文献综述主要介绍和分析国内外在本课题方面的研究概况、发展趋势、存在的主要问题。其目的在于进一步说明本研究提出来的依据、创新性及突破点。同时也说明项目申报者已经掌握了该领域研究内容与方法上的新进展。

撰写时应注意紧紧围绕课题研究中心问题，可重点介绍支持本课题研究的观点，而不要过多叙述一些具体、细小的问题。已有研究存在的问题、不足可能很多，应重点分析本研究突破、创新、改进的那些方面，目的在于找准创新的依据。对已有文献的评价应客观、全面，切勿在未调研有关资料的情况下，随意主观断言，作出诸如"在这方面国内尚无任何研究""完全是片空白""已有研究无价值"等评价。

3. 研究方法

在研究报告中，要具体交代研究方法。无论是调查研究报告，还是实验研究报告，都要说明研究对象的条件、数量、取样方式、研究时间、研究过程、条件控制等问题。目的是为了让他人方便鉴别该项研究的科学性。

4. 研究结果

这部分是研究报告的主体部分，可以通过叙述、图表、数据等形式把研究结果呈现出来。每张表格都要有编号，并有标题，让人不必看正文叙述就一目了然。

呈现研究结果时，除了要用一般数据，还应有典型事例，使研究报告更加丰富充实，更有深度，也便于他人更好地理解该研究结果。

5. 分析与讨论

呈现研究结果之后，接着就要对研究结果进行分析讨论。这部分内容主要包括：以研究结果来回答报告开头提出的问题；对研究结果进行理论上的分析论证；对研究过程中遇到的有关问题进行分析，并提出可供深入研究的问题及本研究存在的问题和建议等。

这一部分内容，可以说是研究报告中最精彩的部分，也是最难写的部分。分析要中肯，要紧扣研究结果进行论证，不要脱离研究结果空发议论，无的放矢。因此，许多研究报告把"研究结果"与"分析与讨论"这两部分结合起来写，称为"结果与分析"。

分析讨论要务实，要有辩证观点，不要绝对化。比如，比较不同教学方法的优劣，不宜讲得太绝对，因为任何一种教学方法都不可能绝对地好或绝对地坏，再好的方法也只是在某种教学条件下显示其优越性，不可能在任何场合都适用。一种新的教材或教法有优点，也可能有缺点，必须作具体分析。

这部分是研究报告的重要部分，应该重点讲，展开讲。可是有的研究报告，前面部分讲得很详细，到"结果与分析"，寥寥几句就收场，这是捡了芝麻，丢了西瓜，严重影响了研究报告的质量。

6. 结论

这部分是对整个研究工作的一个小结，应当简要地交代研究了什么问题，获得了什么结果，根据结果得到了什么结论等内容。下结论时必须谨慎，不能随意扩大结论的适用范围，措词要严谨，逻辑要严密，文字要简练。

这部分只要简明扼要地写上几点结论，不要重复第三部分的分析。

7. 参考文献

重要研究报告的篇末往往还附有参考文献。参考文献是指和研究报告有关的专著和论文。每一项文献应写明著者姓名、书刊名、出版单位和出版时间。

研究报告中引用他人的材料、数据和论点时要注明出处。注明出处既反映作者严肃的科学态度，同时也是尊重他人劳动成果的表现。

撰写研究报告同写文章一样，要求开门见山，中心突出。研究报告中要解决一个什么问题，文章一开始就要点明，不要拐弯抹角。中心突出就是要抓住提出问题和解决问题这条线索展开，与中心无关的话不要写。文章要生动活泼，简明扼要，使读者爱看。研究报告写成后，应该反复修改、润色，以提高其科学性和可读性。

目前一些教师写研究报告有个通病，就是"虎头蛇尾"，把"问题的提出"写得非常详细，引用中外许多文献资料，而最重要的部分"结果与分析"却一带而过，讲几句空话。这样的研究报告是没有什么价值的。

书写研究报告和论文有一定的规范，其要求、格式以及注意事项如下：

（1）文章题目应放在首行的中间，作者的姓名和所在单位，应在题目下另起一行居中书写，且单位和姓名之间空两格。文中的小标题级别可分几个档次：第一档可用"一、二、三……"，第二档可用"（一）、（二）、（三）……"，第三档可用"1、2、3……"，第四档可用"（1）、（2）、（3）……"。无论哪一级的标题，开头一律空两格书写，行文回头再顶格书写。

（2）文中所举的例题和解答，开头也应空两格。如"例1"，就要空两格再写，写完，后面不要加标点，但应空一格再写。"解答"两字写好后，后面要加冒号。

（3）在行文横行的标点符号中，逗号、句号、分号、后半边括号等，不要放在下一行的开头，而应挤写在上一行的末尾。引号、括号的前半边等符号，则可放在下一行的开头，而不要放在上一行的末尾。省略号、破折号不要拆开使用。

（4）文中简短的数学式子，可随文字接着书写，较长的或带总结性的数学式子，则可另起一行居中书写。

（5）根据需要，一般论文在文前有"摘要"，简要介绍本文的意义价值以及初步的结论，使读者一看大致了解本文的内容。摘要不能写得太长，以一二百字为宜；还要列出关键词，把本文所涉及的主要内容的关键词语列出来，一般以两三个为主。

五、尝试教育研究的参考选题

根据实施教育中长期教育改革发展纲要的需要，根据尝试教育理论自我发展的需要，从尝试教学理论向尝试教育理论发展的需要，根据当前各实验学校的实验研究的条件，我提出如下17个方面170个研究课题供大家参考。

1. 创新教育方面的研究

（1）尝试教学与创新教育的相关研究；

（2）突出创新教育，完善尝试教学模式；

（3）加强尝试教学促进创新精神的培养；

（4）尝试创新教学模式的实验研究；

（5）从科学史发展看尝试与创新的关系；

（6）试论"尝试能成功，成功能创新"；

（7）尝试精神与创新精神；

（8）透析尝试精神；

（9）尝试教学是一种创新教育模式；

（10）在尝试中创新，在创新中尝试。

2. 素质教育与核心素养方面的研究

（11）运用尝试教学理论促进实施素质教育；

（12）尝试教学法与提高学生核心素养的研究；

（13）敢于尝试是新世纪人才的重要素质；

（14）尝试教学法与非智力因素的研究；

（15）尝试教学与现代化人的素养的培养；

（16）运用尝试教育理论培养学生自学能力；

（17）尝试教学与小学生数学核心素养的培养；

（18）尝试教学与人的现代化发展研究；

（19）运用尝试教学理论提高学生心理素质；

（20）运用尝试教学理论教会学生学习；

（21）尝试教学与促进学生学习能力的发展；

（22）尝试教学与实践能力的发展。

3. 学习科学方面的研究

（23）尝试学习与自主学习的研究；

（24）尝试学习与学生学习规律的研究；

（25）尝试学习研究促进学习科学的发展；

（26）尝试是学习的本质；

（27）尝试是人类学习的基本形式；

（28）尝试学习在学习论中的地位；

（29）尝试学习促进学习效率的提高；

（30）尝试学习是重要的学习策略。

4.尝试教育理论方面的研究

（31）从尝试教学理论发展到尝试教育理论的必然性；

（32）尝试教育理论的实质；

（33）尝试教育理论的应用；

（34）尝试教育理论的特色；

（35）基于尝试教育理论下的德育工作；

（36）应用尝试教育理论改进班团工作；

（37）尝试教育理论的案例分析；

（38）基于尝试教育理论下的学校管理工作；

（39）基于尝试教育理论下的班级管理工作；

（40）基于尝试教育理论下的课堂教学；

（41）基于尝试教育理论下的家庭教育。

5.思维教育方面的研究

（42）尝试教学法与学生思维品质的培养；

（43）运用尝试教育理论发展学生创造性思维；

（44）创设尝试情境，促进思维发展；

（45）尝试教学与学生求异思维发展；

（46）尝试教学与开发右脑的研究；

（47）尝试教学与直觉思维的发展；

（48）在尝试教学中暴露数学思维过程的研究。

6.教育心理学方面的研究

（49）尝试教学与元认识的关系研究；

（50）迁移原理在尝试教学中的作用；

（51）尝试教学与意志品格的培养；

（52）实施尝试教学，提高认知能力；

（53）完善尝试教学，发展成功智慧；

（54）最近发展区的理论对尝试教学理论的影响；

（55）尝试成功说与尝试错误说的研究；

（56）尝试成功的心理因素实验研究；

（57）在尝试教学中培养良好的心理素质；

（58）尝试教学理论的心理学基础。

7.比较教育方面的研究

（59）尝试教学法与发现教学法的比较研究；

（60）尝试教学与自学辅导法的比较研究；

（61）尝试教学法与探究讨论法的比较研究；

（62）尝试教学法与学导教学的比较研究；

（63）尝试教学法与活动教学法的比较研究；

（64）两种尝试学习理论的比较研究；

（65）尝试教学理论与问题解决的联系；

（66）启发式教育与尝试教学理论的关系；

（67）尝试教学与启发式教学的研究。

8.教育思想史方面的研究

（68）中国古代教育中的尝试教育思想；

（69）尝试教育思想史的研究；

（70）邓小平理论中的尝试思想；

（71）叶圣陶的尝试教学思想；

（72）陶行知的尝试教学思想；

（73）胡适的尝试教学思想；

（74）《红楼梦》与尝试教学思想；

（75）教改实验中的尝试教学思想；

（76）我国教改实验中的趋同现象。

9.基础理论方面的研究

（77）尝试与尝试教学的界定；

（78）尝试学习理论的研究；

（79）尝试学习与学生自主学习；

（80）达到尝试成功的因素分析；

（81）尝试学习理论与脑科学的研究；

（82）尝试学习思想的分析与考察；

（83）尝试——永恒的教育精神。

10. 全面提高教学质量方面的研究

（84）推广尝试教学理论，大面积提高教学质量；

（85）运用尝试教学原理提高课堂教学效率；

（86）运用尝试教学法减轻学生负担；

（87）运用尝试教学法促进后进生转变；

（88）尝试教学理论与高中新课程改革；

（89）在高中应用尝试教学法的困难与对策；

（90）高考制度改革与尝试教学的深化；

（91）尝试教学中培优帮"差"同步效应的研究；

（92）尝试教学与资优生的培养。

11. 教学模式方面的研究

（93）尝试教学模式的再研究；

（94）尝试教学模式的原则性与灵活性；

（95）尝试创新教学模式的构建；

（96）超前尝试教学模式的实验研究；

（97）一法为主、多法配合的教学模式研究；

（98）语文尝试教学模式的研究；

（99）中学自然科学模式的研究；

（100）作文尝试教学模式的研究；

（101）尝试教学中的反馈与矫正；

（102）尝试教学中的信息交流模式。

12. 各科教学应用方面的研究

（103）尝试教学法在初中各科中的应用；

（104）语文尝试教学法的研究；

（105）尝试教学法在英语教学中的运用；

（106）尝试教学法在数学概念教学中的运用；

（107）尝试教学法在政治思想课中的运用；

（108）尝试教学法在高中各科中的运用；

（109）尝试教学理论在大学教学中的运用；

（110）尝试教学理论在职业教育中的运用；

（111）尝试教学理论在特殊教育中的运用；

（112）尝试教学理论在活动教学中的运用；

（113）新课标教材中的尝试教学因素。

13. 尝试教学过程方面的研究

（114）学生尝试学习过程的整体分析；

（115）尝试教学中的情感因素；

（116）尝试成功与挫折教育；

（117）提高学生尝试的参与度；

（118）尝试教学中教师讲解的作用；

（119）试论尝试教学中的学生讨论；

（120）尝试题的地位与设计；

（121）应对尝试错误的策略；

（122）主动尝试与被动尝试；

（123）尝试教学法的局限性及其补救；

（124）尝试教学中因材施教的研究。

14. 与其他教学法的整合研究

（125）目标尝试教学法的实践与研究；

（126）愉快尝试教学法的实践与研究；

（127）尝试教学与情境教学的结合研究；

（128）尝试教学与合作教学的结合研究；

（129）分层尝试教学法的实践和研究；

（130）尝试教学与研究性课程的结合；

（131）运用尝试教学与分层数学的结合，推进异步教学；

（132）尝试教学理论在三算结合中的应用；

（133）尝试教学与成功教育结合的研究；

（134）互联网＋与尝试教学法结合的研究；

（135）尝试教学法与其他教法配合运用的研究。

15. 幼儿教育方面的研究

（136）培养幼儿尝试精神的研究；

（137）幼儿尝试活动的特征研究；

（138）尝试教学理论在幼儿教育中的地位；

（139）科学常识教学中培养幼儿尝试精神；

（140）尝试教学原理在幼儿语言活动中的运用；

（141）幼儿尝试活动的设计；

（142）运用尝试教学思想促进幼儿体能发展；

（143）运用尝试教学理论促进幼儿思维发展。

16. 推广应用方面的研究

（144）推广尝试教学理论，促进偏远地区教育质量的提高；

（145）全面推广尝试教学理论，加快推进义务教育的步伐；

（146）整体推进尝试教学法促进新课程改革；

（147）推广尝试教学法促进山区教育发展；

（148）加强尝试教学理论研究，推动科研兴教工程；

（149）全面推广尝试教学法的研究；

（150）贫困地区实施尝试教学法的因素分析及其对策；

（151）区域性推广尝试教学法的实验与研究。

17. 新领域的发展性研究

（152）推广尝试教学法提高教师素质；

（153）尝试教学理论与人才培养模式；

（154）尝试教学法在教师培训中的运用；

（155）运用尝试教学理论，加强学校管理；

（156）尝试教学思想在家庭教育中的重要作用；

（157）尝试教学与课堂文化的研究；

（158）尝试教学理论在复式教学中的应用；

（159）健全尝试教学管理机制；

（160）尝试教学研究工作的全程管理；

（161）尝试教学模式的学案研究；

（162）尝试教育促进人的核心素养；

（163）尝试教育研究对发展中国教学论的启示；

（164）尝试教学中微视频的应用；

（165）现代教育科技对尝试教学的影响；

（166）脑科学与尝试教育；

（167）尝试学习对聋哑学生的作用；

（168）探索盲童学习与尝试学习的关联；

（169）尝试教学法在大学中的应用；

（170）职业教育中尝试教育思想的应用。

六、小学数学教育研究的参考选题

（1）《数学课程标准（2011年版）》同《数学课程标准（实验稿）》的比较研究。

（2）从小学数学教学大纲（包括数学课程标准）的变迁，分析中国数学教育发展的轨迹。

（3）从"数学双基"发展到"数学四基"，有什么突破？

（4）加强双基与培养创新精神的关系以及加强双基与发展智力的关系。

（5）怎样在小学数学教学中发展学生的创造性思维？

（6）概率初步知识引进小学数学教材中的利弊。

（7）数学核心素养的透析。

（8）数学核心素养与三维目标的关系。

（9）基于核心素养下的数学课堂教学。

（10）数学课当堂检测的作用与操作。

（11）互联网+在数学课堂教学中的应用。

（12）现代教育技术对数学课堂的影响。

（13）小学数学教育的中国化道路。

（14）小学数学教学程度的研究。

（15）幼儿园与小学的衔接问题。

（16）中、小学数学教学的衔接问题。

（17）小数和分数教材是一次集中编排好，还是分两个阶段编排好？

（18）分数和百分数教材是结合编排好，还是分段编排好？

（19）怎样把口算、笔算、珠算三者结合起来教学？

（20）在小学哪一个年级学列方程解应用题最为合适？

（21）小学生数学能力结构的因素是什么？

（22）怎样培养小学生的抽象概括能力？

（23）小学数学教学中怎样发展学生的非智力因素？

（24）通过自编应用题培养学生学习数学的兴趣。

（25）小学数学教学中怎样运用发现教学法？

（26）小学数学教学中怎样运用尝试教学法？

（27）小学生形成计算能力的规律。

（28）线段图在解答分数应用题中的作用及小学生形成几何初步概念的规律。

（29）怎样转变数学学困生？

（30）怎样培养数学资优生？

（31）引进加法口诀对小学数学教材的影响。

（32）中国小学数学教学经验怎样在国外推广？

（33）中国数学教育优良传统的研究。